Friedrich Tepelmann

Die rechtliche Natur der Militärkonventionen im deutschen Reiche und ihr Einfluss auf die Einheitlichkeit des Reichsheeres

Friedrich Tepelmann

Die rechtliche Natur der Militärkonventionen im deutschen Reiche und ihr Einfluss auf die Einheitlichkeit des Reichsheeres

ISBN/EAN: 9783743438248

Hergestellt in Europa, USA, Kanada, Australien, Japan

Cover: Foto ©ninafisch / pixelio.de

Manufactured and distributed by brebook publishing software (www.brebook.com)

Friedrich Tepelmann

Die rechtliche Natur der Militärkonventionen im deutschen Reiche und ihr Einfluss auf die Einheitlichkeit des Reichsheeres

Die rechtliche Natur der Militärconventionen im deutschen Reiche und ihr Einfluss auf die Einheitlichkeit des Reichsheeres.

Inaugural-Dissertation

zur

Erlangung der juristischen Doctorwürde

der

Juristen-Facultät der Georgia-Augusta

zu Göttingen

vorgelegt von

Friedrich Tepelmann,

Referendar am Königlichen Landgericht zu Hannover.

Hannover, 1891.
Druck von Carl Küster.

Inhalt.

	Seite
A. Einleitung. Formelle Bedeutung der Militärconventionen, Uebersicht und Haupt-Inhalt derselben.	1— 5
I. Geltungsgrund der Militärconventionen.	5—23
1. Der bayrischen und württembergischen	5
2. Der übrigen Conventionen excl. Sachsen und Ulmer Convention	
a. soweit sie mit dem Kaiser vereinbart sind	9
(Art. 66 der Reichsverfassung S. 13)	
b. soweit sie mit Preussen vereinbart sind	20
II. Die Einheitlichkeit des Reichsheeres und die Bedeutung der Conventionen	23—41
(Art. 63 Abs. 5 der Reichsverfassung S. 24)	
III. Erfordernisse der Gültigkeit der Militärconventionen	41
IV. Aufhebungsgründe der Militärconventionen	44
V. Die sächsische, württembergische und bayrische Militärconvention in Bezug auf ihren Inhalt und ihre Bedeutung für die Einheitlichkeit des Reichsheeres	46—58
1. Die sächsische Convention	46
2. Die württembergische Convention	52
3. Der bayrsche Bündnissvertrag	56
VI. Die Vereinbarung betr. die Festung Ulm d. d. 16. Juni 1874	59
B. Recapitulation	61

Literaturverzeichniss.

von Roenne, Staatsrecht des deutschen Reiches. 2. Aufl. Band II.
Laband, Das Staatsrecht des deutschen Reiches. 1876—1882. 1. Auflage.
Zorn, Das Staatsrecht des deutschen Reiches. I. Band.
H. Schulze, Lehrbuch des deutschen Staatsrechts. Bd. II. 1886.
G. Meyer, Lehrbuch des deutschen Verwaltungsrechts. 1885. II. Theil.
Thudichum, Verfassungsrecht des nordd. Bundes. 1870.
Die Militärgesetze des deutschen Reiches mit Erläuterungen. Herausgegeben auf Veranlassung des Preuss. Kriegsministeriums. I. Berlin, Mittler & Sohn. 1877. 1878.
Alb. Hänel, Studien zum deutschen Staatsrecht. I. Die vertragsmässigen Elemente der deutschen Reichsverfassung. Leipz. 1873.
Derselbe, Studien zum deutschen Staatsrecht. II. Th. 1. Heft. Die organisatorische Entwicklung der deutschen Reichsverfassung. Leipz. 1880.
Brockhaus, Das deutsche Heer und die Contingente der Einzelstaaten. 1888. Leipzig.
von Held, Die deutsche Reichsverfassung vom staatsrechtlichen Standpunkte betrachtet. Leipz. 1872.
Archiv für öffentliches Recht. III. Freiburg i. Bg. 1888. (S. 491 ff.)
Jahrbücher für Gesetzgebung, Verwaltung und Rechtspflege des deutschen Reiches. Herausgegeben von Holtzendorff. 1871 ff.
Seydel, Commentar zur Verfassungs-Urkunde für das deutsche Reich. 1873.
G. Meyer, Das Staatsrecht des deutschen Reiches. 1878.
Auerbach, Das neue deutsche Reich und seine Verfassung. 1871.
Stenogr. Berichte des nordd. Reichstages.   I. Band 1867.
      ,,   ,,   ,,   ,,   ,,   III. Session. (1869).
Verhandlungen des verfassungsgebenden Reichstages. S. 309, 312.
Stenographische Berichte des Reichstages. III. Band. 1883.
Hirth's Annalen des deutschen Reiches. 1880.

Unter Militärconventionen ganz allgemein genommen versteht man jede Art von Verträgen über das Heer- oder Militärwesen. Dass solche Verträge unter souveränen Staaten keinerlei rechtliche Schwierigkeiten bieten, bedarf keiner Erörterung. Dagegen kann die staatsrechtliche Bedeutung der Militärconvention im Bundesstaate eine sehr verschiedene sein, bald eine grössere, bald eine geringere, je nach dem Masse von Selbständigkeit, welches die Einzelstaaten der Bundesgewalt gegenüber besitzen. Die Regelung des Militärwesens kann darnach entweder ganz oder theilweise der Competenz der Einzelstaaten überlassen, sie kann aber dieser auch gänzlich entzogen sein. Denn das Militärwesen im Bundesstaat gehört begrifflich nicht zur Competenz der Bundesgewalt.[1]) Dass dieses aber thatsächlich der Fall, erklärt Zorn mit Recht aus historischen Ursachen. Es würde daher unzulässig sein, aus allgemeinen mit dem Bundesstaatsbegriff zusammenhängenden Prinzipien die rechtliche Natur des Heeres und damit indirect die Bedeutung der Militärconvention zu konstruiren. Es ist vielmehr lediglich von dem positiven Rechte auszugehen, von den einzelnen Bestimmungen der Militärconventionen selbst, deren staatsrechtliches Verhältniss zu den Bestimmungen der Reichs-Verfassung und der Reichs-Gesetze über das Kriegswesen klarzustellen versucht werden soll. Der Verfasser dieser Abhandlung ist hierzu im wesentlichen dadurch veranlasst, dass die in dieser Beziehung von Schulze, Zorn, G. Meyer und neuerdings von Brockhaus gewonnenen Resultate durch die von Laband verfasste Kritik[2]) der Brockhaus'schen Mono-

---

[1]) Zorn, Das Staatsr. des dtsch. Reiches. I. S. 297.
A. A. Laband, Das Staatsr. des dtsch. Reiches. III. I. Abth. S. 2.
[2]) Archiv für öff. Recht. III. Bd. 1888. S. 491—532.

graphie: Das deutsche Heer und die Contigente der Einzelstaaten wieder in Frage gestellt erscheinen.

Welche hohe Bedeutung den Militärconventionen im Reiche, rein formell betrachtet, als Quelle des deutschen Militärrechts zukommen muss, geht schon aus der einfachen Thatsache hervor, dass sämmtliche 24 Einzelstaaten des Reiches mit Preussen oder dem norddeutschen Bunde bezw. dem Reiche Militärconventionen abgeschlossen haben, nachdem zuletzt auch Braunschweig nach langer Weigerung im Jahre 1886 sich zum Abschluss einer solchen Convention hat bereit finden lassen.

Die thatsächliche Bedeutung der Conventionen hat Laband[1]) sehr treffend mit den Worten charakterisiert:

»die Reichsverfassung enthält gleichsam das Idealrecht,
»welches nirgends verwirklicht ist, das vielmehr nur die
»Normallinie bildet, um welche sich die thatsächlich in
»Geltung stehenden Regeln in mancherlei Windungen
»ziehen«.

Den Erörterungen über die rechtliche Bedeutung der Conventionen mag zunächst eine kurze Darstellung ihrer historischen Entwicklung vorangeschickt werden. Unerörtert bleiben hierbei sowie später alle Conventionen, durch welche den kleineren Einzelstaaten Nachlässe an den von ihnen zu tragenden Militär-Ausgaben zeitweise bewilligt wurden, da diese Conventionen nur für die Uebergangszeit bis zur Errichtung des norddeutschen Bundes Gültigkeit gehabt haben.

Die Militärconvention ist keine dem deutschen Reiche speziell eigenthümliche Contractsform. Die erste derartige Convention wurde bereits im Jahre 1862 zwischen Preussen und Waldeck abgeschlossen, freilich schon 1867 durch eine andere ersetzt. Das Jahr 1867 bringt dann neue Militärconventionen[2]) der Krone Preussen mit Sachsen, Hamburg, Lübeck, Bremen, mit Lippe, den thüringischen Staaten, Schaumburg-Lippe, Hessen-Darmstadt, Schwarzburg-Sondershausen und Anhalt, endlich mit Oldenburg und Mecklenburg-Strelitz. Alle diese Conventionen wurden im engsten Zusammenhange mit

---
[1]) Laband, Das Staatsr. des dtsch. Reiches. III. I. Abth. S. 3.
[2]) Die Militärgesetze des deutschen Reiches. I. S. 55—181.

der unter den genannten Staaten vereinbarten Verfassung des norddeutschen Bundes abgeschlossen, weshalb sie fast sämtlich mit den Worten: »In Ausführung des Abschnittes XI der Verfassung des norddeutschen Bundes« beginnen.

Im Jahre 1868 folgte dann die Convention Preussens mit Mecklenburg-Schwerin, mit der die endgültige Regelung des Verhältnisses der Bundescontingente zur Preussischen Armee vollendet war. Nach der Errichtung des deutschen Reiches sind in den Jahren 1872 und 1873 die meisten dieser Conventionen durch neue den veränderten Verhältnissen entsprechende ersetzt worden. Von den früher abgeschlossenen Conventionen blieben nur in Kraft: die mit Oldenburg, Lübeck, Hamburg und Bremen vereinbarten. Durch den Beitritt der süddeutschen Staaten zum norddeutschen Bunde bezw. deutschem Bunde wurden die Conventionen mit Hessen — an Stelle der Convention von 1867 — vom 18. Juni 1871, mit Baden vom 25. November 1870 und mit Württemberg vom 21./25. November 1870 veranlasst. Zu den Militärconventionen gehören inhaltlich noch der bairische Bündnissvertrag vom 23. November 1870, Ziffer III § 5, sowie die Vereinbarung bezüglich der Festung Ulm vom 16. Juni 1874. Die letzte Militärconvention endlich wurde am 9./18. März 1886 zwischen Preussen und Braunschweig abgeschlossen.

Haupt-Inhalt.

Der Inhalt der Militärconventionen ist ein sehr verschiedener, wie das ja aus dem angedeuteten Zwecke: »die Bestimmungen der Reichsverfassung den Verhältnissen des besonderen Einzelstaates anzupassen« mit Nothwendigkeit hervorgeht. Dennoch lassen sich wenigstens für die grosse Mehrzahl derselben folgende gemeinsame Grundzüge finden.

I. Es verzichten die Contingentsherren zum grossen Theil auf die ihnen in der Reichsverfassung vorbehaltenen militärischen Rechte zu Gunsten des Königs von Preussen und übertragen insbesondere ihre gesamte Militärverwaltung quoad exercitium dem König von Preussen.

II. Es verpflichtet sich der Kaiser bezw. Bundesfeldherr

des norddeutschen Bundes zu einer bestimmten vertragsmässig festgesetzten Ausübung des ihm verfassungsmässig zustehenden Oberbefehls über das deutsche Heer.

Alle Conventionen, welche diesen Inhalt haben, sind sowohl mit dem Kaiser bezw. norddeutschen Bundesfeldherrn als auch mit dem König von Preussen abgeschlossen worden.[1]) Eine Uebertragung der verfassungsmässig den Contingentsherren vorbehaltenen Rechte an den König von Preussen kann nur mit diesem, nicht mit dem Kaiser vereinbart werden, welches staatsrechtlich durchaus verschiedene Persönlichkeiten sind. Dagegen kann der König von Preussen nicht eine rechtlich bindende Verfügung über die Ausübung kaiserlicher Rechte, des Formations-, des Dislocationsrechtes u. dgl. treffen, sondern hierüber steht, — wenn dieses überhaupt zulässig ist, worüber die gleich zu beantwortende Frage nach dem Geltungsgrunde der Militärconventionen Auskunft geben wird, — nur dem Kaiser als Inhaber des Oberbefehls eine Verfügung zu.

Die meisten Militärconventionen bringen freilich diese Doppel-Natur äusserlich nicht zur Erscheinung, vielmehr ist die Bezeichnung der Contrahenten in den Conventionen selbst eine ziemlich willkürliche. So haben Oldenburg, die thüringischen Staaten, Anhalt, Lippe, Schaumburg-Lippe, die beiden Mecklenburg's (1867 und 1868), sowie Waldeck und Braunschweig (1877 und 1886) mit dem »König von Preussen« contrahiert, Sachsen und Baden mit dem »König von Preussen als Bundesfeldherr«, ferner Hessen (1871), die beiden Mecklenburg's (1872), die thüringischen Staaten, Anhalt, die beiden Lippe's (1873) mit dem »deutschen Kaiser und König von Preussen«, Württemberg (1870) mit dem »König von Preussen im Namen des norddeutschen Bundes«, die 3 Hansestädte endlich mit der »Königlich Preussischen Regierung«.

Alle diese Conventionen, abgesehen von der württembergischen und sächsischen, haben aber den oben bezeichneten Inhalt:

1. Zusicherung einer bestimmten Ausübung kaiserlicher Rechte;

[1]) Zorn, a. a. O. S. 305.

2. Uebertragung von contingentsherrlichen Rechten an Preussen.

Es kann deshalb nicht zweifelhaft sein, dass Kaiser und König von Preussen Vertragsparteien sind. Die Bezeichnung derselben durch die Conventionen beweist nichts für deren Inhalt, wohl aber lässt der Inhalt die Vertragsparteien deutlich erkennen.

Die württembergische Convention ist wegen ihrer besonderen staatsrechtlichen Natur gesondert von der grossen Masse der übrigen zu betrachten und zwar im Anschlusse an die sächsische Militärconvention, der sie am ähnlichsten ist.

Eine besondere staatsrechtliche Stellung nimmt auch der zwischen dem norddeutschen Bunde und Bayern am 23. November 1870 abgeschlossene Bündnissvertrag ein. Derselbe weist dem bayrischen Heere eine von allen übrigen Contingenten des Reichsheeres verschiedene Stellung an, die in einer wesentlichen Abschwächung oder Verminderung der Rechte des kaiserlichen Oberbefehls gegenüber Bayern besteht. Das zu diesem Vertrage gehörige Schlussprotokoll enthält theils Erläuterungen desselben, theils selbständige Vereinbarungen über das bayrische Festungswesen.

Die Ulmer Convention vom 16. Juni 1874 nebst 3 Protokollen vom gleichen Tage ist eine Vereinbarung zwischen dem Kaiser bezw. König von Preussen und den Staaten Württemberg und Bayern und regelt die militärischen und administrativen Verhältnisse der Festung Ulm.

Der Geltungsgrund der bayrischen und württembergischen Militärconventionen.

Wie der Inhalt der Militärconventionen ein verschiedener ist, so ist auch die Frage nach dem Grunde ihrer Rechtsgültigkeit verschieden zu beantworten. Die beiden wichtigsten Conventionen, der bayrische Bündnissvertrag nebst Schlussprotokoll vom 23. November 1870, sowie die württembergische Convention vom 21./25. November 1870 bieten in dieser Beziehung weniger Schwierigkeiten als die übrigen. Die Reichsverfassung bestimmt nämlich am Schlusse des Abschnitts XI wörtlich:

»Die in diesem Abschnitt enthaltenen Vorschriften kommen in Bayern nach näherer Bestimmung des Bündnissvertrages vom 23. November 1870 unter III § 5, in Württemberg nach näherer Bestimmung der Militärconvention vom 21./25. November 1870 zur Anwendung«.

Durch diese Schlussbestimmung ist sowohl der bayrische Bündnissvertrag wie die württembergische Convention zu einem integrierenden Bestandtheile der Reichsverfassung erklärt worden. Als solche war ihre Genehmigung durch Bundesrath und Reichstag erforderlich, welche, wie unten gezeigt werden wird, sonst kein zur Gültigkeit der Militärconvention wesentliches Moment bildet. Beide Verträge enthalten so umfangreiche Modificationen der Reichsverfassung, dass nur durch ihre ausdrückliche Sanction seitens der Verfassung selbst der Grund ihrer Rechtsgültigkeit geschaffen werden konnte. Dass die Bestimmungen dieser Convention nicht wörtlich an den betreffenden Stellen der Verfassung aufgenommen worden sind, sondern ihre formell gesonderte Existenz weiterführen, ist dabei gleichgültig.

Bayern sowohl wie Württemberg erhalten durch diese Conventionen ein Sonderrecht, welches nur auf dem durch Art. 78 Abs. 2 der Verfassung bezeichneten Wege aufgehoben werden kann, d. h. nur mit Zustimmung Bayern's und Württemberg's. Dieses die herrschende Meinung,[1]) der Hänel[2]) bezüglich Württemberg's allerdings nicht beistimmt.

Hänel nennt die württembergische Convention »einen dauernden neben der Verfassung hergehenden Vertrag, der in ein bestimmtes Verhältniss zu derselben gesetzt ist und in dem die verfassungsmässige Grenze der Reichs-Competenz gegenüber der Selbständigkeit Württemberg's festgesetzt ist.« Soweit es sich um Abänderung der Convention zu Gunsten einer Erweiterung der Reichscompetenz handle, sei dies nur im Wege des Art. 78 Abs. 2 möglich. Aenderungen aber, die, weil

---
[1]) Zorn, a. a. O. I, 303 u. 85 Note 24. Laband, a. a. O. III. I. Abth. S. 33. Brockhaus, Das dtsch. Heer u. die Conting. S. 166.

[2]) Hänel, Studien z. dtsch. Staatsr. I. Die vertragsmäss. Elemente der dtsch. R. V. S. 118.

keine Erweiterung der Reichscompetenz enthaltend, auch eines Verfassungsgesetzes nicht bedürften, könnten nur im Wege des Vertrages zwischen Reich und Württemberg erfolgen. Mit Recht hält Zorn [1]) eine solche Unterscheidung zwischen »positiver« und »negativer Seite der Convention« [2]) als des inneren Grundes ermangelnd für überflüssig, zumal da Wortlaut der Verfassung und die Analogie der Conventionsbestimmungen mit denen des bayrischen Bündnissvertrages für die Eigenschaft der Convention als Bestandtheil der Verfassung deutlich sprechen. Hänel's Ansicht kommt nämlich schliesslich darauf hinaus, dass die Convention in Ermangelung präzisierter, zur directen oder indirecten Aufnahme in die Verfassung geeigneter Bestimmungen, **also nach Form und Inhalt** nicht integrierender Bestandtheil der Verfassung sein könne. Dieser Grund kann aber nicht genügen, um die Vertragsnatur der Convention im Widerspruch mit der deutlichen für Bayern und Württemberg gleichlautenden Schlussbestimmung zu Abschnitt XI der Verfassung zu erweisen. Ueberdies widerspricht sich Hänel, indem er S. 115 behauptet, die Convention habe nicht die Wirkung, Württemberg rücksichtlich seines Militärwesens ausserhalb der Verfassung zu stellen. Die gemeingültigen Verfassungsartikel über den kaiserlichen Oberbefehl, die Gesetzgebungsgewalt des Reiches u. s. w. lasse die Convention unberührt, und auch für Württemberg gelte der oberste Satz, das Alinea 1 des Art. 63: »Die gesammte Landmacht des Reiches wird ein einheitliches Heer bilden, welches im Krieg und Frieden unter dem Befehle des Kaisers steht«. **Württemberg sei daher überall, wo nicht ausdrückliche Bestimmungen der Convention eine Ausnahme feststellen**, der verfassungsändernden und einfachen Gesetzgebung des Reiches, den militärischen Reglements und den Befehlen des Kaisers unterworfen, kurz der **Reichsmilitärhoheit**. Andererseits wieder bilden die Bestimmungen der Convention nach Hänel S. 119 in ihrer positiven Function, solange eine verfassungsmässige Competenzerweiterung des

---

[1]) Zorn, a. a. O. S. 86 Note 24.
[2]) Hänel, a. a. O. S. 118.

Reiches nicht stattfinde, vertragsmässige Zusicherungen des Reiches an Württemberg, weil diese Bestimmungen Württemberg von der Reichsgesetzgebung eximieren, der Befehls- und Regulativgewalt des Kaisers entziehen, soweit dieselben nicht ausdrücklich vorbehalten sind.

Also einmal ist Württemberg eximiert von der Reichsgesetzgebung u. s. w., soweit die Convention nicht ausdrücklich etwas anderes bestimmt, dann wieder ist Württemberg der Reichsgesetzgebung u. s. w. unterworfen, soweit die Convention nicht ausdrücklich etwas anderes bestimmt. Entweder haben die Contrahenten die eine oder die andere Absicht gehabt, aber beide Absichten zu unterstellen und je nachdem eine positive und negative Function der Convention zu unterstellen, ist zwecklos und widerspruchsvoll.

Das von Hänel S. 118 angeführte Beispiel von der vertragsmässigen Umnumerirung des württembergischen Armeecorps in Nr. XIII statt XIV beweist garnichts. Es war kein Sonderrecht Württemberg's, gerade XIV. Corps zu sein, denn der ganze Art. 3 der Convention wiederholt eigentlich nur die gemeingültigen Bestimmungen der Reichsverfassung in specieller Anwendung auf Württemberg, sodass auch hier dem Kaiser als Ausfluss seines Oberbefehls das Recht, die Nummern der Armeecorps zu bestimmen, zusteht. Das Ganze ist gewissermassen nur Uebergangsbestimmung, eine vorläufige Regelung des Verhältnisses des württembergischen Heeres zum Reichsheer. Auch geht aus den nachfolgenden Worten: »es erhalten die Divisionen, Brigaden, Regimenter und selbständigen Bataillone des Armeecorps die entsprechende laufende Nummer in dem deutschen Bundesheere« zur Genüge hervor, dass diese Nummern wie auch die Corps-Nummer jederzeit wechseln kann und muss, um eben »entsprechende laufende Nummer« zu sein. Dass thatsächlich eine vertragsmässige Umnumerirung stattgefunden hat, mag aus Schonung particularer Empfindlichkeiten, woraus so manches der Verfassung Widersprechende zu erklären ist, geschehen sein, beweist aber nichts für eine Vertragsnatur der Convention. Wohl aber beweist diese

Thatsache, dass nicht lediglich Sonderrechte in der Convention garantiert sind. Hänel entscheidet S. 118 die Alternative: da die Convention sowohl verfassungsgesetzliche wie vertragsmässige Elemente enthält, aber als ein Ganzes betrachtet werden muss und demnach entweder Verfassung oder Vertrag sein muss, dahin, dass sie Vertrag sei, weil Form und Inhalt nicht in den Rahmen einer Verfassung passen. Sie ist aber dennoch Verfassung, weil der Wortlaut der Schlussbestimmung des Abschnitts XI es so will.

Geltungsgrund der übrigen Militärconventionen.

Anders verhält es sich mit dem rechtlichen Geltungsgrunde der übrigen Conventionen. Diese sind nicht Bestandtheile der Verfassung und unter ihrem Schutze stehend, wenn auch der Art. 66 solche Conventionen ausdrücklich erwähnt. Der Geltungsgrund derselben ist je nach den beiden Hauptbestandtheilen und gemäss der hierdurch bedingten Doppelnatur (s. o. S. 4) ein verschiedener.

Zunächst sollen Gegenstand der Erörterung sein **diejenigen Bestimmungen, welche nur mit dem Kaiser vereinbart werden konnten.**

Die Beantwortung der Frage nach ihrer Gültigkeit wird davon abhängen, ob sie die Verfassung ändern oder nicht, ob sie lediglich Ausführungsbestimmungen, wie sie selbst behaupten, oder wichtige thatsächliche Modificationen der reichsgesetzlichen Grundlagen des deutschen Heerwesens enthalten. Die Reichsverfassung regelt das gesamte Heerwesen, die Stellung der Contingentsherren zum Reiche u. s. w. ziemlich genau, sie unterwirft auch in Artikel 4 No. 14 das Militärwesen der Beaufsichtigung und Gesetzgebung des Reiches. Für Verträge zwischen dem Reiche als einem juristisch selbständigen über den Einzelstaaten stehenden Staatswesen und den letzteren über den Inhalt einer der Reichscompetenz unterliegenden Materie ist aber kein Raum, wie dies aus dem Begriffe des Vertrages im öffentlichen Rechte folgt, der zwei in Bezug auf die Dispositionsfähigkeit über den Inhalt des Vertrages von einander völlig unabhängige Contrahenten voraussetzt.¹) Darnach muss man, was die vorliegende Frage anlangt, prinzipiell behaupten: Alle Bestimmungen, welche die Stellung des Kaisers bezw. Reiches zu den Contingentsherren regeln sollen, können nur durch die Quellen des Reichsrechtes erfolgen und diese sind: Verfassungs-Gesetz, einfaches Gesetz und Verordnung, wie in jedem Staate. Alle Militärconventionen, soweit sie mit dem Kaiser abgeschlossen sind, verletzen also — wenn auch nur formell — die Verfassung, speciell Art. 78, oder das Gesetzgebungsrecht des Reiches oder endlich das Verordnungsrecht des Kaisers oder Bundesraths.²)

Nun behauptet Laband,³) die Reichsverfassung selbst ermächtige den Kaiser bezw. sei ihm nicht hinderlich, auf dem Gebiete des Oberbefehls bindende Zuführungen über die Art und Weise der Ausübung der verfassungsmässig darin enthaltenen Rechte zu ertheilen. Das Gebiet des Oberbefehls unterliege, da es sich dabei um Verwaltungsacte handle, der freien Entschliessung des Kaisers. Die verfassungsmässig oder reichsgesetzlich sanctionirten Rechtssätze blieben durch derartige Zusicherungen völlig unberührt.

Dagegen ist folgendes zu erwidern. Dass der Kaiser nicht befugt sein kann, die ihm verfassungsmässig übertragenen Rechte selbst einseitig oder vertragsmässig abzuändern, ist aus dem eben bemerkten Grunde, dem Mangel der Dispositionsfähigkeit auf beiden Seiten, ohne Weiteres verständlich. Ausserdem aber übt der Kaiser nicht eigene Rechte aus, sondern lediglich Rechte des Reiches, denen fast immer Pflichten des Kaisers zu deren Ausübung correspondiren. Der Kaiser ist deshalb auch, wo es sich wie hier um Verwaltungsacte handelt, nicht so frei gestellt, wie jeder Monarch es sein würde.

Laband's scharfsinnige Scheidung zwischen dem Rechte und seiner Ausübung ist ferner hier nicht am Platze. Nirgends hängt das Recht selbst mit der Ausübung desselben so eng zusammen, wie gerade beim kaiserlichen Oberbefehl. Die

---

¹) Hänel, a. a. O. S. 83.
²) Brockhaus, a. a. O. S. 168 ff.
³) Laband, a. a. O. III, 1. S. 80.

freie Entschliessung des Kaisers über die Art der Ausübung desselben ist ganz wesentlicher Inhalt des kaiserlichen Rechtes selbst. Nur durch jene empfängt dieses seinen Werth. Der sich aufdrängende Vergleich mit der Beschränkung des Eigenthums durch dingliche u. s. w. Lasten trifft nicht zu, weil dem Eigenthümer ein eigenes Recht zusteht, dem Kaiser ein fremdes, und weil jenem immer noch die Möglichkeit, den ökonomischen Werth seines Rechtes jederzeit durch Veräusserung zu realisiren, bleibt. Die Absicht der Reichsverfassung war aber jedenfalls, vermöge der weitgehenden Bestimmungen über den kaiserlichen Oberbefehl die bisherigen Contingentsheere erst zu einem einheitlichen Reichsheere zusammenzuschmelzen, und zu diesem Zwecke war es nothwendig, das Heer der Controle des Bundesraths mit seinen particularistischen Strömungen zu entziehen, sowie die Ausübung des Oberbefehls in das freie Ermessen des Kaisers zu verstellen. Jede Beschränkung, rechtliche oder moralische, die sich der Kaiser daher in der Ausübung des Oberbefehls auferlegt, verletzt die Absicht der Reichsverfassung, die solche Schranken nicht haben wollte.[1]

Bei näherer Betrachtung der Conventionsbestimmungen enthalten sie trotz ihrer formellen Unzulässigkeit eine materielle Beschränkung der Ausübung kaiserlicher Rechte allerdings nicht. Mit Recht sagt Hänel,[2] dass auch nach der Verfassung eine Ausübung z. B. des kaiserlichen Dislocationsrechtes nur im militärischen und politischen Interesse des Reiches erfolgen darf. Denn alles, was der Kaiser thut, thut er nicht im eigenen Namen, sondern im Namen des Reiches,[3] dessen Organ er in dieser Beziehung ist, nicht anders wie der Präsident einer Republik. Und nun versichern die Conventionen ebenfalls, dass die Ausübung des kaiserlichen Dislocationsrechtes »im Frieden nur vorübergehend und in ausserordentlichen durch militärische oder politische Interessen gebotenen Fällen[4] oder »im Interesse des Bundesdienstes«[5] erfolgen solle.

---

[1] Brockhaus, a. a. O. S. 169.
[2] Hänel, a. a. O. S. 243.
[3] vgl. Reichsverfassung Art. 17.
[4] Conv. mit Waldeck Art. 2, mit Weimar Art. 2.
[5] Conv. mit Sachsen Art. 6, mit Hessen Art. 7.

Zum Ueberflusse enthalten noch die meisten Conventionen einen ausdrücklichen Hinweis auf den betr. Verfassungsartikel, der dem Kaiser das unbeschränkte Dislocationsrecht zuspricht, mit der Bemerkung, dass dieses Recht durch die Zusicherungen nicht alterirt werden solle: »Unbeschadet der nach Art. 60 des Bundesverfassungsentwurfes für den Norddeutschen Bund (jetzt Art. 68 der Reichsverfassung) Sr. Majestät dem Könige von Preussen zustehenden Berechtigung über die einzelnen Truppen anderweit zu disponieren u. s. w.«[1] »Wiewohl Sr. Majestät dem Könige als Bundesfeldherrn (nach Art. 59 der Bundesverfassung) [jetzt Art. 63 der Reichsverfassung] das Recht zusteht, die Dislocation aller Theile des Bundesheeres anzuordnen, so will Allerhöchstderselbe doch für die Dauer friedlicher Verhältnisse u. s. w. von dieser Berechtigung nur Gebrauch machen, wenn Se. Majestät u. s. w. sich bewogen findet.«[2] Das Recht nimmt aber nur dann keinen Schaden, wenn es nach der Absicht der Reichs-Verfassung d. h. im militärischen oder politischen Interesse oder — was dasselbe — im Reichsinteresse ausgeübt wird. Die Entscheidung darüber aber, ob ein solches Interesse vorliegt, kommt allein dem Kaiser zu, nicht den Contingentsherren, wie schon aus der Fassung: »wenn Se. Majestät sich bewogen findet« hervorgeht. Der Kaiser ist also nach den Conventionen bezüglich der Ausübung des Dislocations- und Formationsrechtes rechtlich genau so frei wie nach den Bestimmungen der Verfassung.

Er kann jedes Interesse für ein militärisches oder politisches bezw. Reichs-Interesse erklären. Höchstens existiert für ihn eine moralische Verpflichtung, den Contingentsherren gegenüber diese Conventionsbestimmung loyal auszulegen, aber nicht eine juristische.[3] Die Conventionen drücken demnach das, was die Verfassung implicite sagt, explicite aus; aber es ist dies keine authentische Interpretation, da die Gesetzesform fehlt. Rechtskraft kann aber dem einfachen Vertrage nicht zukommen, da er garnicht neues Recht schaffen wollte[4] und

---

[1]) Conv. mit Sachsen Art. 1.
[2]) Conv. mit Hessen Art. 7. (Vom 7. April 1867.)
[3]) A. A. Hänel, a. a. O. S. 246.
[4]) Hänel daselbst.

auch nicht konnte aus dem oben berührten formellen Grunde. Es ist daher die Beschränkung der Ausübung des kaiserlichen Dislocations- und Organisationsrechts lediglich eine einseitige feierliche Zusicherung des Kaisers ohne juristische Verbindlichkeit, aber rebus sic stantibus von bedeutendem moralischen Gewicht.

Dagegen wäre die Bestimmung der sächsischen und hessischen Convention, dass der Kaiser sich vor Ausübung seines Dislocationsrechts mit den Contingentsherren »ins Vernehmen setzen« wolle, sofern damit diesen ein Recht der Zustimmung gegeben werden soll, als mit der Verfassung materiell im Widerspruch stehend, nach Hänel völlig unverbindlich. In dem Zusammenhang jedoch, in welchem diese Bestimmung mit den Worten: falls Se. Majestät sich im Interesse des Bundesdienstes bewogen fühlen sollte, kann dieselbe wohl nur dahin aufgefasst werden, dass den Contingentsherren lediglich eine Befugniss zu Gegenvorstellungen hat gegeben werden sollen.[1])

Eine rechtliche Gültigkeit dieser und anderer mit dem Kaiser vereinbarter Bestimmungen kann auch nicht auf Art. 66 der Reichsverfassung gestützt werden, welcher die formelle Unmöglichkeit bindender Verträge zwischen Reich und Einzelstaat über öffentliche Rechte in gewissem Umfange beseitigen soll.[2])

Der Artikel 66 der Reichsverfassung.

Dieser Artikel besagt folgendes:

»Wo nicht besondere Conventionen ein Anderes bestimmen, ernennen die Bundesfürsten beziehentlich die Senate die Offiziere ihrer Contingente, mit der Einschränkung des Art. 64«.

Bislang haben fast alle Schriftsteller des Reichsstaatsrechts[3]) es als selbstverständlich angenommen, dass der Art. 66 nicht nur das Ernennungsrecht der Offiziere einer vertragsmässigen Abänderung unterwerfe, sondern auch die gesammte Rechts-

---
[1]) Brockhaus, a. a. O. S. 194.
[2]) Brockhaus, a. a. O. S. 170.
[3]) Hänel, S. 105 Note 9. Thudichum, Nordd. Bund S. 890. Richtig Schulze, deutsches Staatsrecht II. 270.

stellung der Contingentsherren, soweit sie ihnen durch die Reichsverfassung belassen worden sei. Irgendwelche Begründung für eine derartige extensive Interpretation ist noch von keiner Seite beigebracht worden. Dass eine Abtretung der gesammten den Contingentsherren vorbehaltenen militärischen Rechte an Preussen möglich ist auch ohne die ausdrückliche Ermächtigung des Art. 66, wird später erläutert werden. Hier handelt es sich jedoch nur darum, ob eine Abtretung kaiserlicher Rechte an die Contingentsherren oder von der anderen Seite eine Abtretung contingentsherrlicher Rechte an den Kaiser insbesondere ein Verzicht des Kaisers auf die ihm gemäss Art. 64 der Verfassung zustehenden Ernennungs- und Versetzungsrechte zu Gunsten der Contingentsherren und ein Verzicht der Contingentsherren auf ihr Offizierernennungsrecht zu Gunsten des Kaisers auf Grund des Art. 66 gestattet ist.

Der Wortlaut des Artikels spricht jedenfalls nicht dafür,[1]) dass ausser dem Ernennungsrecht der Offiziere noch andere kaiserliche oder contingentsherrliche Rechte durch einfachen Vertrag zwischen Kaiser und Contingentsherr geregelt werden dürfen. Wie weit die Grenze des Art. 66 geht, kann aber nur aus dem Wortlaut und dem Zusammenhang mit den übrigen Bestimmungen der Verfassung ermittelt werden.

Schon aus rein politischen Gründen ist nicht anzunehmen, dass die Schöpfer der Verfassung gerade bei der wichtigsten der Reichscompetenz unterliegenden Materie, dem Reichskriegswesen, die Connivenz gegen partikularistische Bestrebungen der Einzelstaaten soweit getrieben haben sollten, dass die Verfassung selbst geradezu zu ihrer Abänderung auf dem völlig anomalen Wege des Vertrages herausforderte.[2])

Gerade da, wo eine straffe Centralisation noth thut, bei dem stärksten Bande, welches die Einzelstaaten im Reiche umschliesst, sollte man der Dezentralisation im weitesten Sinne und damit der Auflösung des »einheitlichen« Heeres in Contingentsheere Thür und Thor geöffnet haben? Denn, wie

---
[1]) Laband, a. a. O. S. 26.
[2]) Brockhaus a. a. O. S. 171.

Brockhaus[1]) bemerkt: gesteht man dem Art. 66 eine extensive Interpretation zu, so ist überhaupt keine Grenze vorhanden für das Recht des Kaisers und der Contingentsherren, ihre verfassungsmässige Stellung zu einander durch Verträge abzuändern. Eine Vermehrung der contingentsherrlichen Rechte enthält stets eine Verminderung der kaiserlichen Rechte und umgekehrt. Die Gefahr, welche in jener liegt, spricht hauptsächlich gegen die Ausdehnung des Art. 66. Eine vertragsmässige Minderung der contingentsherrlichen Rechte vermehrt zwar factisch die kaiserlichen Rechte fast gar nicht, da es sich nur um militärische Ehrenrechte handelt, wie später gezeigt werden wird; rein theoretisch betrachtet aber muss eine durch Vertrag zwischen Kaiser und Contingentsherren festgesetzte Verminderung der contingentsherrlichen Rechte eine Vermehrung der kaiserlichen Rechte zur Folge haben. In beiden Fällen ruhten die wesentlichsten Grundlagen der Einheitlichkeit des Reichsheeres auf kündbaren Verträgen, und das wäre ein namentlich für das Reich unerträglicher und seiner Consolidirung schädlicher Zustand.

Ausserdem aber sind die Bestimmungen des Art. 66 ganz unzweifelhaft **singulärer Natur**, weil, wie oben ausgeführt wurde, der Vertrag im allgemeinen nicht Quelle des Reichsrechts sein kann, es sei denn, man wollte mit Seydel[2]) das Reich als ein fortdauerndes vertragsmässiges Verhältniss souveräner Staaten auffassen, worauf hier nicht näher eingegangen werden kann. Als singuläre Norm ist der Art. 66 ganz streng zu interpretieren. Und hier fragt es sich, ob der Art. 66 denn überhaupt Conventionen zwischen dem Kaiser und dem Contingentsherrn im Auge hat. Diese Frage muss verneint werden.

Zwar stellt Brockhaus[3]) es als unzweifelhaft hin, dass nach Art. 66 solche Conventionen auch über die Aufhebung oder Abänderung der dem Kaiser im Art. 64 beigelegten Rechte zwischen dem Kaiser und den Contingentsherrn zulässig seien.

---

[1]) Brockhaus S. 172.
[2]) Seydel, Commentar zur Verf.-Urkunde für das deutsche Reich. S. 8 ff. Würzburg 1873.
[3]) Brockhaus, a. a. O. S. 170, 173, 188.

Im Art. 66 sei zunächst nur von dem Rechte der Contingentsherren, die Offiziere ihres Contingents zu ernennen, die Rede; jedoch seien durch Bezugnahme auf Art. 64 auch die folgenden Rechte des kaiserlichen Oberbefehls einer vertragsmässigen Abänderung durch Conventionen unterworfen:
1. das Recht, die Höchstkommandierenden der Contingente und die Befehlshaber der Truppen mehr als eines Contingents sowie die Festungskommandanten zu ernennen und von ihnen den Fahneneid unmittelbar entgegenzunehmen;
2. das Recht der Zustimmung zur Ernennung von Generalen oder Generalsstellung versehenden Offizieren;
3. das Recht des Kaisers behufs Versetzung mit oder ohne Beförderung für die von ihm im Reichsdienste, sei es im preussischen Heere, sei es in anderen Contingenten, zu besetzenden Stellen aus den Offizieren aller Contingente des Reichsheeres zu wählen.

Allein, diese Interpretation der Worte im Art. 66 »mit der Einschränkung des Artikels 64« muss bei ruhiger Erwägung ausserordentlich gezwungen erscheinen.

Sollte es dem Kaiser gestattet sein, die ihm im Art. 64 — und zwar im Interesse einer wirksamen Ausübung seines Oberbefehls — beigelegten Ernennungs-, Genehmigungs- und Versetzungsrechte durch Conventionen an die Contingentsherren abzutreten, so musste dies ausdrücklich im Art. 64 bemerkt werden. Die Reichsverfassung trennt die Aufzählung der kaiserlichen Rechte in Bezug auf das Heerwesen ganz scharf von den contingentsherrlichen und zwar, indem sie die das Reich vorzugsweise interessierenden, der Natur der Sache nach bedeutenderen kaiserlichen Rechte voranstellt. Es wäre mithin ein ohne weiters den Schöpfern der Reichsverfassung nicht zu imputirender Mangel an logischer Consequenz, wenn sie die Möglichkeit einer vertragsmässigen Abänderung jener wichtigen Rechte erst bei Aufzählung der unbedeutenderen contingentsherrlichen Rechte im Art. 66 erwähnt hätten, obendrein nur ganz beiläufig durch einfache Bezugnahme auf Art. 64.

Eine natürliche Interpretation des Art. 66 Satz 1 scheint

deshalb nur die zu sein, dass die Worte: »mit der Einschränkung des Art. 64« sich nicht auf den ganzen Art. 64 beziehen, sondern nur auf die im Art. 64 vorkommende Einschränkung desjenigen Rechts, von dem der erste Satz des Art. 66 redet. Mit anderen Worten »mit der Einschränkung des Art. 64« müsste correct ausgedrückt heissen: »mit der Einschränkung des Art. 64 Absatz 2 Satz 1«, denn nur hier ist von dem Ernennungsrecht die Rede.

Art. 66 Satz 1 besagt demnach:
1. Die Bundesfürsten und Senate ernennen die Offiziere ihrer Contingente, soweit nicht die Ernennung des Höchstkommandierenden eines Contingents oder eines Festungskommandanten in Frage steht; denn deren Ernennung gebührt nach Art. 64, Abs. 2, Satz 1 dem Kaiser.
2. Das Recht der Contingentsherren, die Offiziere ihres Contingents zu ernennen, kann durch Verträge geändert resp. aufgehoben werden.

Freilich wird man einwenden, dass dann Art. 66 etwas überflüssiges besage, was sich von selbst verstehe, nämlich, dass die Contingentsherren auf ihr Offizierernennungsrecht zu Gunsten eines andern Contingentsherrn verzichten dürfen. Und das ist auch im Ganzen richtig. Denn die Befugniss zu solchem Verzicht ist ein Ausfluss der ihnen belassenen staatlichen Selbständigkeit oder, wenn man will, ihrer Autonomie. Die Bestimmung des Art. 66 Satz 1 kann nun vielleicht die Bedeutung haben, eine nahe liegende Garantie des Reiches nach Art des Art. 78 der Reichsverfassung dafür, dass das Offizierernennungsrecht jedem Contingentsherrn unter allen Umständen verbleiben müsse, von vornherein abzulehnen. Aber, selbst wenn dies nicht beabsichtigt worden ist, so hat die Thatsache, dass etwas Selbstverständliches von der Verfassung gesagt worden ist, doch durchaus nichts Befremdendes für denjenigen, welcher die Verhältnisse, unter denen die Verfassung zu Stande gekommen ist und die Männer, welche daran vorzugsweise betheiligt gewesen sind, kennt. Ein juristisches, streng logisch gegliedertes Kunstwerk ist weder beabsichtigt noch erreicht, nur praktische und politische Erwägungen waren es, von denen sich die an dem Entwurf der Verfassung betheiligten Staatsmänner und Militärs leiten liessen.

Endlich kann auch nicht an eine im Art. 66 liegende Ermächtigung der Contingentsherren zur vertragsmässigen Abtretung ihres Offizierernennungsrechts an den Kaiser und vor allem an eine Ermächtigung des Kaisers, dieses ihm abgetretene Recht dann auf Grund der Conventionen auszuüben, gedacht werden. Denn, wie Meyer[1]) richtig ausführt, ist das Offizierernennungsrecht überhaupt — auch das kaiserliche — nicht etwa Ausfluss des Oberbefehls, der nur die unmittelbare militärische Action zum Gegenstande hat, sondern es ist Ausfluss der Militärverwaltung im engeren Sinne, deren Thätigkeit auf Beschaffung der Vorbedingungen und Mittel für die militärische Macht, insbesondere des Personals und der sachlichen Bedürfnisse gerichtet ist. Die Militärverwaltung im engeren Sinne ist nun — wie später noch gezeigt werden wird — grundsätzlich den Contingentsherren überlassen und es sind nur die Verwaltungsbefugnisse des Art. 64 dem Kaiser vorbehalten. Das Offizierernennungsrecht ist aber nirgends losgelöst von den übrigen Befugnissen der Militärverwaltung im engeren Sinne von den Contingentsherren durch Conventionen abgetreten, sondern stets als ein Bestandtheil der Militärverwaltung selbst. Da diese aber unbestrittener Massen nur auf den König von Preussen übertragen worden ist, so muss dasselbe auch für das Offizierernennungsrecht gelten.

Damit stimmt auch die Anschauung der Praxis überein. Wenn auch einige Conventionen den Fahneneid der Contingentsoffiziere dem König von Preussen als Bundesfeldherrn[2]) oder dem Kaiser[3]) oder dem Kaiser und König von Preussen[4]) schwören lassen, so betrachten doch alle Conventionen diese Offiziere als »im Verbande der preussischen Armee« stehend. Und thatsächlich erhalten z. B. auch die

---

[1]) Meyer a. a. O. S. 35 und S. 100 Ziff. II.
[2]) Conv. mit Baden Art. 3.
[3]) Conv. mit Hessen Art. 4, mit beiden Mecklenburg v. 1868 Art. 5.
[4]) Conv. mit Anhalt Art. 10. Conv. mit den thüring. Staaten Art. 10.

hessischen und mecklenburgischen Offiziere ihre Patente von ihrem Landesherrn und vom König von Preussen,[1]) nicht vom Kaiser. Juristisch denkbar wäre eine Uebertragung des Offizierernennungsrechts und der Militärverwaltung auf den Kaiser nur in der Weise, dass dieser durch stillschweigende Uebereinkunft die vom Reich den Einzelstaaten zugewiesenen, von diesen wieder an ihn oder das Reich abgetretenen Rechte zur Ausübung an den Einzelstaat Preussen übertragen hätte. Es ist wohl kaum anzunehmen, dass die Betheiligten an eine so übermässig verwickelte Construction dieses Rechtsverhältnisses überhaupt nur gedacht haben,[2]) vielmehr, dass auch die hessische, badische, anhaltische u. s. w. Convention ebenso die directe Uebertragung der Militärverwaltung im engeren Sinne auf den König von Prenssen gewollt haben wie die übrigen Conventionen, welche diese Absicht entweder deutlich erklären[3]) oder als zweifellos erscheinen lassen. Es ist hier ebensowenig aus den Bezeichnungen »Kaiser«, »König von Preussen als Bundesfeldherr« u. s. w. für die Sache selbst zu entnehmen, wie diese Bezeichnungen einen Schluss auf die wirklichen Contrahenten der Conventionen zulassen (s. o. S. 5). Dass die Militärverwaltung und folgeweise das Offizierernennungsrecht auf den König von Preussen übergegangen ist, nicht auf den Kaiser, nimmt auch die Mehrzahl der deutschen Staatsrechtsschriftsteller an.[4])

Eine Ermächtigung des Kaisers zur vertragsmässigen Abtretung seiner Rechte an die Contingentsherren quoad exercitium oder zur vertragsmässigen Ausübung der ihm etwa von den Contingentsherren abgetretenen Rechte liegt also im Art. 66 nicht vor. Alle derartigen Bestimmungen, selbst wenn sie der Verfassung materiell nicht widersprächen, sondern diese nur erläutern oder ergänzen wollten, sind aus formellen Gründen

---

[1]) Conv. mit Hessen Art. 4, mit beiden Mecklenburg v. 1868 Art. 5.
[2]) S. auch Laband III, 1. S. 28 Note 2.
[3]) Conv. mit beiden Mecklenburg v. 1868 Art. 1, ebenso von 1872 Art. 1.
[4]) Laband III, 1. S. 28, 27. Schulze II. S. 272, 270. Meyer S. 101 Note 16. S. 100. S. 43, ähnlich Brockhaus S. 165 Note 1. A. A. Haenel S. 106.

(s. o. S. 9. 10) rechtlich ungültig und tragen nur den Charakter eines thatsächlichen modus vivendi, eines feierlichen Versprechens.[1])

Geltungsgrund der nur mit Preussen vereinbarten Conventionsbestimmungen.

Nach dem bisher Gesagten steht schon ohne Weiteres fest, dass die Zulässigkeit der gänzlichen oder theilweisen Uebertragung der Militärverwaltung sowie der meisten übrigen den Contingentsherren in der Reichsverfassung vorbehaltenen Rechte auf den König von Preussen nicht auf Art. 66 gestützt werden kann; denn dieser spricht nur vom Offizierernennungsrecht und ist stricte zu interpretiren. Andere, namentlich Laband, finden den Geltungsgrund in der den Einzelstaaten belassenen Autonomie und Selbstverwaltung bezw. in der Autonomie allein.[2])

Die Uebertragung der staatsrechtlichen Begriffe von Autonomie und Selbstverwaltung auf die vorliegenden Erörterungen erscheint indessen nach Ansicht des Verfassers von sehr zweifelhaftem Werthe, schon um deswillen, weil das positive Reichsrecht und die historische Entwickelung desselben diese Begriffe gar nicht kennen. Ausserdem besteht über die Definition der erwähnten Begriffe nicht einmal volle Uebereinstimmung unter denjenigen Schriftstellern, welche dieselben auf das Reichsrecht anwenden. So versteht Laband[3]) unter Autonomie: Selbstgesetzgebung der Einzelstaaten kraft eigenen Rechts, während Zorn[4]) diese Gesetzgebung als eine aus der Centralgewalt abgeleitete betrachtet, die lediglich der Anerkennung und Delegation des Reiches ihre Existenz verdankt. Reichsrechtlich haben wir nur Einzelstaaten, welche durch Vertrag von ihren bisherigen Souveränetätsrechten wesentliche zu Gunsten des Reiches aufgegeben haben. An Stelle der Verträge ist dann die Verfassung getreten, und die Uebertragung der einmal an das Reich abgegebenen Hoheitsrechten

---

[1]) Zorn, a. a. O. S. 307. Brockhaus a. a. O. S. 182.
[2]) Laband a. a. O. S. 26. Brockhaus a. a. O. S. 182.
[3]) Laband a. a. O. I. S. 106, 108.
[4]) Zorn a. a. O. S. 78.

kann nunmehr einseitig nicht mehr widerrufen werden. Immerhin ist aber den Einzelstaaten ein Rest ihrer ehemaligen Souveränetät geblieben, nämlich alle diejenigen Rechte, welche ihnen nicht ausdrücklich entzogen worden sind. Diese Rechte üben die Staaten kraft eigenen Rechtes aus, nicht als Selbstverwaltungsorgane des Reiches. Das Mass der den Einzelstaaten auf den verschiedenen Gebieten des staatlichen Lebens belassenen Rechte ist allerdings sehr verschieden bestimmt. Ob dieses Mass von Rechten so gering ist, dass von Staaten im staatsrechtlichen Sinne innerhalb des Reiches überhaupt nicht mehr gesprochen werden kann, vielmehr nur das Reich als Inhaber der Souveränetät den Charakter eines Staates hat, darüber lässt sich theoretisch streiten. Praktisch haben wir auch bei den Einzelstaaten mit dem Begriffe des Staates zu rechnen. Das Reich in seiner Verfassung erkennt nur Staaten als seine Mitglieder an, nicht etwa noch so selbständig organisierte Selbstverwaltungskörper, insbesondere sind im Bundesrathe nur Staaten vertreten. Die Reichsverfassung ist nicht nach einem juristischen System geschaffen, sondern hat wesentlich den politischen und historischen Verhältnissen Rechnung getragen, unbekümmert um jede juristische Construction. Mag deshalb der den Einzelstaaten belassene Rest von Selbständigkeit noch so gering sein, sie bleiben Staaten, solange das Reich sie als solche anerkennt. Sind sie aber Staaten und haben sie ferner alle Rechte, welche ihnen die Reichsgesetzgebung nicht ausdrücklich entzogen hat, so folgt daraus ohne Weiteres ihre Befugniss, über die ihnen belassenen Rechte zu Gunsten anderer Einzelstaaten zu disponieren.

Die Befugniss, ihre contingentsherrlichen Rechte an Preussen zu übertragen, ist also nichts weiter als ein Ausfluss ihrer fortdauernden staatlichen Selbständigkeit. Obendrein handelt es sich in den Militärconventionen nur um die Uebertragung dieser Rechte an den König von Preussen zur Ausübung. Eine solche ist aber nicht nur zulässig, sondern sie ist, wie später gezeigt werden wird, sogar geboten für die kleineren Staaten, falls diese ihren militärischen Pflichten gegen das Reich nachkommen wollen. Die Reichsverfassung hat eine solche theilweise Uebertragung sogar vorausgesehen, wie der Eingang des Art. 66 ergiebt. Das Reich hat gar kein Interesse daran, ob die den Einzelstaaten belassene Militärverwaltung vom Staate A oder vom Staate B geführt wird, wie das Zorn irrig behauptet.[1]) Dem Reich kommt es lediglich darauf an, dass die einzelstaatliche Militärverwaltung nach den von ihm festgesetzten Normen geführt und so den verfassungsmässigen Pflichten des Einzelstaats gegen das Reich genügt wird. Erst wenn dieses nicht geschieht, kann und muss das Reich einschreiten. Es ist dann aber, falls die Uebertragung der Militärverwaltung zu Unzuträglichkeiten geführt hat, jederzeit vermöge des ihm auf diesem Gebiete zustehenden Oberaufsichtsrechts in der Lage, die Uebertragung rückgängig zu machen. Es hält sich dann an den seine Rechte übertragenden Staat und zwingt ihn eventuell, das Verhältniss zu dem betr. anderen Staate zu lösen und selbst seine Pflichten zu erfüllen. Will man also eine Genehmigung der Centralgewalt gegenüber Verträgen der Einzelstaaten für nöthig erachten, — wie Zorn[2]) es behauptet, — so genügt jedenfalls eine stillschweigende. Damit stimmt auch die Praxis überein, die nie eine Zustimmung der Centralgewalt zum Abschluss solcher Verträge eingeholt hat.

Etwas anderes wäre es übrigens, wenn die Militärverwaltung eines Einzelstaates einem anderen nicht zur Ausübung, sondern zu eigenem Rechte übertragen würde. Hier müsste nach Ansicht des Verfassers allerdings eine Zustimmung des Reiches erfolgen, da dasselbe sonst thatsächlich nicht in der Lage wäre, den seine Verwaltung aufgebenden Staat zur Erfüllung seiner Bundespflichten anzuhalten, nicht aber, weil dieser Staat damit seine staatliche Selbstständigkeit verlöre. Die Reichsverfassung hat vielmehr schon den Einzelstaaten alle wesentlichen Hoheitsrechte auf dem Gebiete des Militärwesens genommen, ohne dass der staatliche Charakter der

---

[1]) Zorn a. a. O. S. 306.
[2]) Zorn das.

Einzelstaaten desshalb in Frage gestellt werden könnte (s. o. S. 21). Der Rest der ehemaligen einzelstaatlichen Militärhoheit besteht grösstentheils, abgesehen von wenigen später zu erwähnenden Ausnahmen, aus Ehrenrechten. Dies bedarf allerdings noch des Beweises. Es hängt dies eng zusammen mit der Frage nach der Natur des Reichsheeres: ob dasselbe bereits nach der Verfassung ein wirklich einheitliches Heer, zu administrativen Zwecken in Contingente gegliedert, oder einheitlich nur im militärisch-technischen Sinne und vorzugsweise auf Grund der Militärconventionen ist. Je nachdem man das Erstere oder das Letztere annimmt, bildet der kaiserliche Oberbefehl oder die Contingentsherrlichkeit den Ausgangspunkt für die principielle Construction des Militärrechtes.[1] Die Controverse ist erst in jüngster Zeit lebhaft und gründlich zwischen Laband[2] und Brockhaus erörtert worden, wird aber bei der unglücklichen Fassung der Verfassungsbestimmungen wohl nie zur Ruhe kommen. Die folgende Darstellung kann sich nur auf die Hervorhebung der wichtigsten Punkte beschränken.

Einheitlichkeit des Reichsheeres.

Für die Einheitlichkeit des Reichsheeres pflegt man folgendes anzuführen:

Das Prinzip der Einheitlichkeit ist in der Verfassung für das Heer ebenso wie für die Marine, an deren wirklicher Einheitlichkeit ein Zweifel nirgends besteht, ausgesprochen. (Art. 63 vgl. mit 53 R. V.)

Die Durchführung des Prinzips zeigt sich:
1. Innerlich:
   a. in dem kaiserlichen Oberbefehl,
   b. in der dem Reiche zustehenden Militärgesetzgebung im weitesten Sinne,

---

[1] Zorn, a. a. O. S. 308.
[2] Laband a. a. O. III, s. S. 7 ff. Dagegen die Monographie von Brockhaus: Das deutsche Heer und die Contingente der Einzelstaaten. Leipzig, 1888. Dagegen wieder Laband im Archiv für öffentl. Recht, III. S. 491 ff.

c. in der Feststellung des Rekrutenbedarfs durch das Reich ohne einzelstaatliche Mitwirkung,
d. in der Feststellung der gemeinsamen Heeresausgaben durch die Reichsgesetzgebung.

2. Aeusserlich:
a. die Regimenter, Brigaden u. s. w. führen fortlaufende Nummern durch das ganze Heer,
b. das Reich ist in territorialer Beziehung in 19 Armeecorps-Bezirke eingetheilt,
c. nicht die Contingentsherren, sondern die kommandirenden Generale sind die Militärbefehlshaber dieser Bezirke,
d. die Organisation und Bewaffnung ist eine einheitliche.

Der Hauptgrund, der gegen die innere Einheit des Heeres geltend gemacht zu werden pflegt, ist der, dass dem Kaiser nach Art. 63, Abs. 5 nicht das Recht zustehe, direct Anordnungen über Verpflegung, Ausrüstung, Bewaffnung und Administration an die Contingentscommandeure zu erlassen, dass vielmehr der König von Preussen als Contingentsherr für seine Armee die Anordnungen erlasse, die dann erst durch gleichlautende Publication seitens der Contingentsherren für die übrigen Contingente Gültigkeit erlangten. Die Contingentsherren seien dadurch Inhaber eines formellen Verordnungsrechtes in Bezug auf die Militärverwaltung geworden, somit Inhaber einer beschränkten Militärhoheit.[1])

Artikel 63, Abs. 5 der Reichsverfassung.

Die Möglichkeit einer formellen Militärhoheit der Contingentsherren lässt sich nicht ohne Weiteres, etwa mit der Behauptung, dass die Militärhoheit als Bestandtheil der Souveränetät nach Gründung des Reiches auf das Reich übergegangen sei, verneinen. Die Bestimmung der Verfassung, Art. 63 Abs. 5, auf die es zunächst ankommt, ist so unklar gefasst, dass daraus weder die Existenz eines ausschliesslich dem Kaiser zustehenden Verordnungsrechtes in Militärverwaltungs-Angelegenheiten, noch andererseits die Existenz eines

---
[1]) Laband, a. a. O. III, 1 S. 22 ff.

derartigen formellen Verordnungsrechtes der Contingentsherren hergeleitet werden kann. Eine kurze Betrachtung der für und wider die eine oder andere Ansicht geltend gemachten Gründe wird dies zur Genüge zeigen.

Zunächst spricht der Wortlaut des Art. 63, Abs. 5 allerdings für die Annahme, dass die dort bezeichneten Anordnungen wirklich nur als königlich preussische ergehen. Dem entspricht auch, wie gleich bemerkt werden mag, die Praxis, wonach nicht der Reichskanzler, sondern der preussische Kriegsminister jene Anordnungen gegenzeichnet bezw. selbständig erlässt. Dieselben werden im preussischen Armee-Verordnungs-Blatte bekannt gemacht und damit verbindlich für alle im Verbande der preussischen Armee stehenden Truppentheile und Contingente. Allen anderen Contingentscommandeuren sollen (anders die Praxis) nach dem angezogenen Artikel diese Anordnungen nicht etwa direct durch den preussischen Kriegsminister zur Nachachtung mitgetheilt werden, sondern durch den Bundesraths-Ausschuss für das Landheer und die Festungen und zwar in geeigneter Weise. Erfolgte die Mittheilung an die Contingentsverwaltungen, so wäre damit ohne Zweifel die formelle Befugniss derselben, diese Anordnungen für ihren Bereich selbständig zu publizieren, anerkannt. Denn, dass nichtpreussische Contingentsverwaltungen preussische Anordnungen als solche bekannt machen müssten, wäre völlig widersinnig, da die preussische Militärverwaltung den übrigen einzelstaatlichen Militärverwaltungen nicht übergeordnet ist. Nun erfolgt aber die Mittheilung an die Commandeure der nichtpreussischen Contingente. Diese stehen aber nach der Verfassung in einem unmittelbaren Dienstverhältniss zum Kaiser bezw. Bundesfeldherrn des norddeutschen Bundes, der sie, abgesehen von dem bayrischen und württembergischen Contingentscommandeur, ernennt und dem sie auch den Fahneneid leisten. Dies lässt wieder darauf schliessen, dass man hier nicht an ein Recht der Contingentsherren, die preussischen Verordnungen als ihre eigenen zu publizieren gedacht hat, sondern nur an eine dienstliche Pflicht der Contingentscommandeure, den vom Kaiser erlassenen Verordnungen für ihr Contingent Geltung zu verschaffen.

Höchst befremdlich ist es, dass der Art. 63 in seinem dritten und vierten Absatze nur von Rechten des Kaisers auf dem Gebiete des Oberbefehls und der Militärverwaltung i. e. S. spricht, nicht von contingentsherrlichen Rechten, die erst in einem späteren Artikel aufgeführt werden. Der Kaiser soll darnach für die Einheit in der Organisation und Formation, in der Bewaffnung, dem Kommando, der Ausbildung der Mannschaften und in der Qualification der Offiziere Sorge tragen (Art. 63, al. 3 der R. V.) Zu diesem Behufe hat er das Recht der Inspection, das aber erst seinen vollen Werth findet, in dem Rechte, die Abstellung der vorgefundenen Mängel direct anzuordnen. Auch hier werden die Contingentsherren und ihre angebliche Militärhoheit mit Stillschweigen übergangen. Dass nun aber die Anordnungen des Art. 63, 5 einen anderen rechtlichen Charakter tragen wie diese directen Special-Anordnungen des Kaisers, welche im Interesse der Einheit, der Vollzähligkeit und Kriegstüchtigkeit aller Truppentheile des Reichsheeres erlassen werden, ist noch von Niemandem behauptet worden. Es sind beides Verwaltungsverordnungen der Militärverwaltung i. e. S., d. h. auf die Beschaffung der Vorbedingungen und Mittel für die bewaffnete Macht gerichtet.[1]) Die gleichmässige Regelung der Bewaffnung ist im Absatz 3 ausdrücklich für einen Gegenstand der Sorge des Kaisers erklärt worden, den er selbständig durch seine Verordnungen, innerhalb des Rahmens des Etats, regeln darf. Und doch spricht der Abs. 5 wieder von den behufs Erhaltung der Einheit in der Bewaffnung künftig ergehenden preussischen Anordnungen. Das Recht des Kaisers ist naturgemäss das stärkere, und es liegt daher folgende Argumentation sehr nahe: Steht dem Kaiser das Recht zu, für Specialfälle auf dem Gebiete der Militärverwaltung Verordnungen zu erlassen, spricht ferner Art. 17 dem Kaiser das Recht der Ueberwachung der Ausführung der Reichsgesetze ganz allgemein, Art. 63, Abs. 3 das Recht, für die Herstellung und Erhaltung der Einheit in der Organisation u. s. w. und besonders

---

[1]) G. Meyer, Lehrb. des dtsch. Verwaltungsrechts, II. S. 35, 41. Leipzig, 1885).

in der Bewaffnung des Heeres zu sorgen, speciell zu, so folgt schon hieraus, dass die Abs. 5 erwähnten Anordnungen genereller Natur nur kaiserliche sein können.[1]) Immerhin bleibt es bei dieser Argumentation doch sehr zweifelhaft, ob es zulässig ist, weil einer der im Abs. 5 den preussischen Anordnungen unterworfenen Gegenstände, allerdings eine der wichtigsten, die Bewaffnung, vorher bereits als Gegenstand kaiserlicher Anordnung erwähnt ist, den daraus hergeleiteten Schluss auf die übrigen im Abs. 5 erwähnten Gegenstände auszudehnen. Aber eine starke Vermuthung spricht allerdings hiernach dafür, dass dem Kaiser auch auf den Gebiete der Militärverwaltung i. e. S., insbesondere in den Art. 63, Abs. 5 bezeichneten Angelegenheiten ein unmittelbar verbindliches Armee-Verordnungsrecht zusteht.

Viel Streit hat sich erhoben um die Auslegung der Worte: „in geeigneter Weise," insbesondere, ob sich dieselben auf „zur Nachachtung" oder auf „mitzutheilen" beziehen. Ist ersteres der Fall, so würde nicht einmal eine Pflicht der Contingents-Commandeure, die doch Untergebene des Kaisers sind, zur unbedingten Befolgung der ihnen mitgetheilten Verwaltungs-Anordnungen bestehen. Sie würden dieselben danach „in geeigneter Weise" abändern können oder sie vielleicht überhaupt nicht zu publicieren brauchen, ganz nach ihrem Ermessen. Sprachlich lassen sich die betreffenden Worte sowohl auf „zur Nachachtung" als „mitzutheilen" beziehen. Allein bei der ersterwähnten Beziehung würde die doch angestrebte Einheitlichkeit in der Administration u. s. w. völlig illusorisch gemacht werden können. Es erscheint daher logisch richtiger, die Beziehung der Worte „in geeigneter Weise" auf die Worte „mitzutheilen" zu beschränken. Aber auch so entstehen wieder Schwierigkeiten für die theoretische Construction des ganzen Verhältnisses. Die Mittheilung an die Contingents-Commandeure erfolgt durch den Militärausschuss in geeigneter Weise. Dieser hat also die geeignete Weise festzustellen. Wird er dadurch

---

[1]) A. A. Hänel, a. a. C. II, 1 S. 74.

etwa zum Inhaber eines formellen Verordnungsrechtes in der Weise, dass die vom König von Preussen bezw. vom preussischen Kriegsminister erlassenen Verordnungen nach ihrer Mittheilung an den Ausschuss nunmehr zu Reichsverordnungen werden? Dies ist in der Praxis nicht angenommen und ist auch theoretisch gar nicht zu construiren. Der Bundesrath allein besitzt ein Verordnungsrecht, nicht seine Ausschüsse, auch nicht diejenigen, welche selbständige Functionen haben, wie der Ausschuss für Handel und Verkehr, für Zoll- und Steuerwesen, für Rechnungswesen. (Vgl. Art. 56, 36, al. 2, 39 R.V.) Der Militärausschuss fungiert auch nicht als eine Art parlamentarischer Commission des Bundesraths, indem er die betreffenden Anordnungen ihm mittheilte, sondern hat lediglich die Pflicht, dieselben an die Contingentscommandeure mitzutheilen. Der Bundesrath selbst erfährt nichts von den Anordnungen. Mit Recht sagt daher Brockhaus[1]: Die einfache Mittheilung einer vom Bundesrath nicht ausgegangenen Verordnung als solche ohne ihre formelle Umwandlung in eine Verordnung des Bundesraths ist gar keine Verordnung. Schulze[2] sowohl wie Brockhaus[3] erblicken desshalb ganz richtig in der fraglichen Thätigkeit des Ausschusses nur einen „Botendienst". In der That liegt weiter nichts vor, mögen die von ihm mitzutheilenden Anordnungen kaiserliche oder preussische sein. Laband[4] sieht dagegen in der Mittheilung an den Ausschuss nur eine Mittheilung an die Contingentsherren und sucht gerade aus der Zusammensetzung des Ausschusses zu beweisen, dass es sich im Abs. 5 des Art. 63 um preussische Anordnungen handle.

Es muss daher kurz auf die Natur und Zusammensetzung des Ausschusses eingegangen werden, um zu sehen, ob sich daraus ein Schluss auf die Natur der ihm mitgetheilten und von ihm weiter zu befördernden Anordnungen gezogen werden kann. Zunächst ist es nicht werthlos, zu erfahren, wie die

---

[1] Brockhaus, a. a. O. S. 58.
[2] Schulze, a. a. O. II, S. 260.
[3] Brockhaus, a. a. O. S. 59.
[4] Laband im Archiv für öff. Recht, 1888, S. 210.

Schöpfer der Reichsverfassung bezw. norddeutschen Bundesverfassung die Stellung dieses Ausschusses auffassten. Dies zeigt folgende Aeusserung des Fürsten Bismarck aus der Reichstagssitzung vom 16. April 1869:[1])

„Bisher wird die Stelle solcher Bundesminister nicht, wie „man fälschlich gewöhnlich annimmt, vom Bundeskanzler ver-„sehen, sondern von den Ausschüssen des Bundesraths. Unser „Finanzminister ist der Finanzausschuss des Bundesraths — — „In gleicher Weise wird die kriegsministerielle Thätigkeit durch „den Militärausschuss des Bundesraths geübt, an dessen Spitze „sich der preussische Kriegsminister befindet."

Aehnlich hat auch Gneist die Ausschüsse ein Stück Ministerium genannt.[2]) Man hielt also damals den Bundesrathsausschuss für das Landheer und die Festungen für das Reichskriegsministerium. Dass die Ausschüsse des Bundesraths trotz mancher Aehnlichkeiten in keiner Weise ein Ministerium ersetzen, dass sie nur eigenartige Commissionen des Bundesraths mit einigen selbständigen Befugnissen sind, dass es nur einen Reichsminister giebt, den Kanzler, darüber ist man heutzutage vollständig einig. Nichtsdestoweniger ist die Bismarck'sche Auffassung vielleicht der Grund dafür gewesen, dem Ausschusse die im Art. 63 Abs. 5 bezeichnete Function zuzuweisen.

Die Auffassung des Fürsten Bismarck war gerade bezüglich des Militärausschusses auch ganz erklärlich durch die Art der Zusammensetzung desselben nach der Verfassung des nordd. Bundes. Während hiernach fast alle anderen Ausschüsse jährlich vom Bundesrath gewählt und die Mitglieder des Bundesraths selbst von verschiedenen Personen ernannt werden, ernannte die Mitglieder dieses Ausschusses nur der Bundesfeldherr. Auch nach der Verfassung des deutschen Reiches ernennt der Kaiser die sämmtlichen Mitglieder des Ausschusses mit Ausnahme der bayerischen. Denn formell

---

[1]) Stenogr. Berichte des nordd. Reichstages, III. Session 1869. 20. Sitzung.
[2]) bei v. Held, Die Verfassung des dtsch. Reichs vom staatsrechtl. Standpunkte betrachtet, S. 113. Aehnlich auch noch Auerbach, Das neue dtsch. Reich u. s. Verf., 1871 Berlin, S. 64 u. A.

kann der Kaiser auch das württembergische und sächsische Mitglied ernennen d. h. eine bestimmte Persönlichkeit bezeichnen, welche er als Mitglied des Ausschusses haben will. Nur ist er verpflichtet, einen **württembergischen** und einen **sächsischen** Bundesraths-Bevollmächtigten zu wählen.[1]) Praktisch wird dies freilich stets darauf hinauskommen, dass der vom König von Württemberg bezw. vom König von Sachsen hiezu designierte Bundesrathsbevollmächtigte auch wirklich Mitglied des Ausschusses wird. Aber formell wird er es erst durch kaiserliche Ernennung, die durchaus nicht nur eine Bezeichnung der Staaten zu sein braucht.[2]) Soweit nun der Ausschuss vermitteln soll, ist er lediglich ein Organ des Kaisers, das — abgesehen von dem bayerischen Bevollmächtigten — vom Kaiser allein ernannt wird.

Die Aehnlichkeit mit einem Ministerium zeigt sich ferner darin, dass der Ausschuss ein ständiger ist, unabhängig vom Tagen des Bundesraths. Jedenfalls ist aber der Ausschuss wirkliche **Reichsbehörde**. Als solche kann er aber ebenso gut preussische wie kaiserliche Anordnungen an die Contingentscommandeure mittheilen. Laband hält zwar auch den Ausschuss für eine Reichsbehörde, verwerthet aber den Umstand, dass in dem Ausschusse nur Vertreter derjenigen Staaten sitzen, welche noch selbstständige Contingente haben, in folgender Weise.

Laband[3]) meint, weil der Ausschuss aus Bevollmächtigten der Contingentsherren bestehe, müssten die Mitglieder desselben die Mittheilung ihren Landesherren machen oder deren Kriegsministerien, denen dann die weitere Erledigung obliege. Da es aber nach der Verfassung ebenso viele Contingente als Staaten gebe, so sei dieser umständliche Weg nicht obligatorisch vorgeschrieben, sondern die »geeignete Weise« d. h. eine **andere** Art der Mittheilung an die Contingentsherren vorbehalten.

---

[1]) Laband, Das Staatsr. des dtsch. Reichs, I. S. 283.
[2]) A. A. Meyer, Lehrb. des deutschen Staatsrechts S. 322.
[3]) Archiv für öff. Recht. 1888. S. 510.

Mit anderen Worten: Nur, weil der Weg der Mittheilung an die 24 Contingentsherren durch Vermittlung des Bundesrathsausschusses zu umständlich sei, sei eine Umgehung dieses Weges schon verfassungsmässig für zulässig erklärt. Wäre Laband's Ansicht richtig und der Ausschuss nichts weiter als eine Art Informationsorgan der Contingentsherren, so müssten sämmtliche 25 Contingentsherren des Reichsheeres in dem Ausschusse vertreten sein, wie Laband auch ja selbst zugiebt.[1]) Denn wie sollte der sächsische Bevollmächtigte dazu kommen, die betr. Anordnungen der mecklenburgischen oder hessischen Regierung mitzutheilen, zu denen er in keinerlei Verhältniss steht?

Es würde sich dann der Ausschuss, abgesehen von der hier nicht in Frage kommenden Stimmenvertheilung und dem kaiserlichen Ernennungsrechte, auf welches Laband keinen Werth zu legen scheint, vom Bundesrathe selbst in nichts unterscheiden. In einem solchen Falle überhaupt noch von einem Auschusse einer Körperschaft zu reden, ist wohl juristisch unanfechtbar, wird aber thatsächlich von jedem als übertriebene Spitzfindigkeit empfunden werden. Ein solches seltsames Institut haben die Schöpfer der Verfassung sicherlich nie im Auge gehabt, als sie »zur Vermeidung dieser Umständlichkeit« die »geeignete Weise« der Mittheilung vorbehielten.

Man sollte darnach meinen, dass wenn sie die Mittheilung an die Contingentsherren gerichtet wissen wollten, so würden sie dem Bundesrathe selbst, nicht einem Ausschusse desselben mit der Vermittlung betraut haben. Dass dies nicht geschehen, sondern die Vermittlung dem zu diesem Zwecke beauftragten Militärausschusse obliegt, beweist eben zur Genüge, dass der Ausschuss lediglich Botendienste verrichtet, aber andererseits, dass daraus noch nichts für die Natur der fraglichen Anordnungen zu entnehmen ist. Man ist daher bezüglich der Frage, ob dem Kaiser ein Verordnungsrecht auf dem Gebiete der Militärverwaltung i. e. S. zusteht oder nicht, lediglich auf die oben S. 26 angeführte indirecte, zum Theil aus allge-

---

[1]) A. a. O. S. 510.

meinen Prinzipien hergeleitete Beweisführung angewiesen. Positive Bestimmungen fehlen, da Art. 63 Abs. 5 wegen seiner unklaren Fassung nicht in Betracht kommen kann. Der ganze Absatz 5 wird praktisch überhaupt nicht mehr angewandt, oder vielmehr nur mit bedeutenden Modifikationen. Die Vermittlung des Militärausschusses insbesondere ist längst überflüssig geworden, da die meisten Contingente in preussische Verwaltung übergegangen sind, also unmittelbar von den »künftig ergehenden preussischen Anordnungen«. beherrscht werden. Für Bayern und Württemberg hat der Abs. 5 nie Geltung gehabt. Nur für Sachsen sollte er eigentlich noch Gültigkeit haben, obwohl der in der sächsischen Convention bezeichnete Weg der Mittheilung thatsächlich in Uebung ist.

Die ganze Bestimmung des Art. 68 Abs. 5 ist nach Ansicht des Verfassers etwa als Uebergangsbestimmung gedacht worden und hatte nur Bedeutung für die Verhältnisse des norddeutschen Bundes. Man wollte bei Gründung desselben möglichst schonend in die Militärhoheit der einzelnen Staaten eingreifen, worauf auch die Ausdrucksweise dieses Artikels im Gegensatze zu dem Eingang des Art. 61 hindeutet. Man wollte vielleicht der Sache nach mehr erreichen, als die Form durchblicken lassen sollte. Vor allem galt es den Anschein zu vermeiden, als ob die preussische Militärverwaltung der Militärverwaltung der nichtpreussischen Contingente übergeordnet sei. Deshalb suchte man den directen Verkehr des preussischen Kriegsministeriums mit den übrigen Contingentsverwaltungen ängstlich zu vermeiden und betraute eine Bundesbehörde, den Militär-Ausschuss, mit der Vermittlung der dienstlichen Beziehungen. Vermuthlich brachten deshalb die verbündeten Regierungen die im preussischen Entwurf fehlenden Worte »in geeigneter Weise« in die Verfassung, sowie die schonend klingenden Worte »zur Nachachtung«. Andererseits sah man voraus, dass die sämmtlichen Contingente mit Ausnahme des sächsischen in preussische Verwaltung übergehen würden, — vor Publikation der Verfassung waren ja bereits Verhandlungen über Militärconventionen im Gange. In der Erwartung, dass der verfassungsmässig vorausgesetzte Zustand doch nur provisorisch sein würde, trug man wahrscheinlich auch kein Bedenken, die Mittheilung der damals jedenfalls preussischen Anordnungen direct an die Contingentscommandeure statt an die Contingentsverwaltungen vorzuschreiben, zumal, falls die Conventionsverhandlungen sich wieder zerschlugen, die geeignete Weise der Mittheilung vorbehalten und damit die Möglichkeit einer Mittheilung zunächst an die Contingentsherren gegeben war. Thatsächlich hat sich auch nur Sachsen geweigert, seine eigene Militärverwaltung aufzugeben. Nach Abschluss der Conventionen verstand es sich eigentlich von selbst, dass die Vermittlung des Militärausschusses als überflüssig fortfiel.

Ist dies richtig, so kann aus Art. 63 Abs. 5 für Beurtheilung der jetzigen Verhältnisse, für die Natur des Reichsheeres, für die Existenz eines kaiserlichen Verordnungsrechts in Militärverwaltungssachen resp. für ein contingentsherrliches derartiges Verordnungsrecht formeller Natur nicht das geringste entnommen werden. Nach der ganzen Anlage der Reichsverfassung und besonders nach der oben S. 27 begründeten Schlussfolgerung muss man annehmen, dass ein kaiserliches Verordnungsrecht auch in den im Art. 63 Abs. 5 bezeichneten Angelegenheiten existiert, obwohl es nicht ausgeübt wird. Thatsächlich üben nur Sachsen, Württemberg und Bayern ein derartiges formelles Verordnungsrecht aus, aber alle drei Staaten nur auf Grund besonderer Zugeständnisse in den Conventionen, nicht auf Grund des erwähnten Verfassungsartikels.

Immerhin wird die Einheitlichkeit des Reichsheeres durch dergl. contingentsherrliche Verordnungsrechte, wie sie Sachsen gegenüber eingeräumt sind, — über Württemberg's und Bayern's Rechte s. unten — nicht in Frage gestellt, selbst, wenn die sächsische Convention rechtliche Gültigkeit hätte. Denn Sachsen hat sich zur entsprechenden Ausführung der betreffenden ihm mitgetheilten Anordnungen verpflichtet. Und diese Pflicht kann vermöge des im Art. 63 Abs. 3 ausgesprochenen Princips vom Kaiser erzwungen werden.

Oder wäre überhaupt eine Einheitlichkeit in der Bewaffnung, in der Ausbildung und in der Kriegstüchtigkeit des

Reichsheeres noch denkbar, falls es im Belieben des Königs von Sachsen stände, für sein Contingent z. B. ein anderes Gewehr oder eine andere Ausrüstung anzuordnen als in dem grössten Reichscontingent, in der preussischen Armee, angeordnet wäre?

Besitzt aber der Kaiser das Recht, Verordnungen auf dem Gebiete der Militärverwaltung i. e. S. mit Gültigkeit für das gesammte Reichsheer (excl. Bayern) zu erlassen, so muss das Heer in der That ein einheitliches sein. Ein selbständiges Verordnungsrecht der Contingentsherren erkennt die Reichsverfassung nur an zwei Stellen an. Die Contingentsherren haben nämlich gemäss Art. 66 das Recht, die Offiziere ihres Contingentes zu ernennen und gemäss Art. 63 Abs. 2 das Recht, die äusseren Abzeichen, namentlich die Kokarden desselben zu bestimmen. Abgesehen von diesen wichtigeren Rechten tragen aber die sämmtlichen den Contingentsherren belassenen Rechte den Charakter von unselbständigen Verwaltungsbefugnissen oder militärischen Ehrenrechten.[1]) Es wird ihnen die Stellung eines Chefs ihres Contingents angewiesen, d. h. eine blosse Ehrenstellung, und die ganze Contingentsherrlichkeit ist nichts weiter als eine unselbständige Verwaltungsbefugniss, umkleidet mit Ehrenrechten, welche ihnen in ihrer Eigenschaft als Mitträger der Reichssouveränetät belassen werden mussten. Laband[2]) fasst die Contingentsherrlichkeit als militärische Dienstherrlichkeit auf, indem er sich hauptsächlich darauf stützt, dass dem Contingentsherrn, nicht dem Kaiser das militärische Treuversprechen geleistet werde. Mit Recht erwidert ihm Brockhaus,[3]) dass in dem Fahneneide die unbedingte Gehorsamsverpflichtung gegen den Kaiser enthalten ist, nicht etwa die durch die Treue gegen den Contingentsherrn bedingte, dass ferner jeder Deutsche an jedem Orte des Reichsgebietes, mithin in jedem Contingente seiner Militärpflicht genügen kann, dass endlich die im preussischen Contingente

---

[1]) Meyer, Lehrb. des dtsch. Verwaltungsrechts, II. S. 38, ebenso Brockhaus S. 110 ff., Zorn S. 319.
[2]) Laband a. a. O. III, 1. S. 61 ff.
[3]) Brockhaus a. a. O., S. 110 ff.

ihrer Dienstpflicht genügenden Waldecker, Bremer, Hamburger u. s. w., ihren Staaten gar keine militärische Treue mehr geloben können, da dieselben wohl eine Contingentsherrlichkeit, jedenfalls aber eine militärische Dienstherrlichkeit nicht mehr besitzen.[1])

Wer unbedingten Gehorsam der Truppen für alle seine Befehle zu fordern hat auch im Gegensatze zu etwaigen Befehlen der Contingentsherren, wer die den Contingentsherren verbliebenen Rechte durch Verlegung der betr. Contingentstruppen in andere Garnisonen jeden Augenblick illusorisch machen kann, wer endlich jeden Theil des Reichsheeres, also auch die Truppen des eigenen Contingents, gegen ihren Contingentsherrn behufs einer Execution, deren Nothwendigkeit allerdings zuvor der Bundesrath beschlossen haben muss, führen kann, der ist in der That Kriegsherr des Heeres trotz mannigfacher Beziehungen, welche die Contingentsherren mit ihren Contingenten verknüpfen. Auch hier hat man an das Bestehende angeknüpft, um dem Neuen leichter Eingang zu verschaffen und die Empfindlichkeit der Bundesfürsten möglichst zu schonen. Deshalb hat man den Fahneneid gelassen, wie er war, unter Hinzufügung der unbedingten Gehorsamsverpflichtung gegen den Kaiser. Einen Unterschied zu machen zwischen militärischer Treue gegen den Landesherrn und unbedingtem Gehorsam gegen den Kaiser, ist völlig unmöglich. Niemand kann zwei Herren dienen d. h. in derselben Sache und zu derselben Zeit. Dies gilt für den Soldaten noch mehr als sonst im Leben. Dass aber die Pflicht gegen den Kaiser vorgeht derjenigen gegen den Landesherrn, ist, falls dem Landesherrn Militärhoheit zusteht und er wirklich ein Landesheer besitzt, durchaus nicht gesagt. Wäre aber, wie Laband[2]) meint, der Gehorsam gegen den Landesherrn zugleich Gehorsam gegen den Kaiser, so wäre der Landesherr seinerseits zum Gehorsam gegen den Kaiser verpflichtet und erfüllte durch seinen Gehorsam denjenigen seiner Truppen. Auch wäre dann die

---

[1]) Brockhaus a. a. O. S. 121. Meyer a. a. O. II. S. 75, Anm. 24. Zorn a. a. O. S. 316. Schulze a. a. O. I. S. 362.
[2]) Laband a. a. O. III, 1. S. 169—171.

eidliche Zusicherung des unbedingten Gehorsams gegen den Kaiser völlig überflüssig.[1]) Die Landesherren nehmen, wie das Brockhaus[2]) sehr treffend ausgeführt hat, diesen Eid als Vertreter des Kaisers entgegen. Hierzu sind dieselben, da es sich um Pflichten gegen das Reich handelt, als Mitträger der Reichsgewalt, am ersten geeignet. Zugleich empfangen sie aber von ihren Landeskindern das Gelöbniss der Unterthanentreue und zwar für sich allein. Aehnlich ist der Eid der unteren Postbeamten, welche von den Landesherren angestellt werden, zu interpretiren.

Die Contingentsherrlichkeit ist darnach in der That von untergeordneter Bedeutung, ein Complex von Rechten, »welche den Einzelstaaten als Andenken an ihre ehemalige Souveränetät in Militärsachen belassen worden ist«,[3]) für die es einen einheitlichen Begriff nicht giebt.[4]) Am allerwenigsten lässt sich jetzt noch auf sie der Begriff der Militärhoheit anwenden,[5]) auch nicht einer formellen, wie oben schon gezeigt ist.

Nach dem bislang Gesagten steht vielmehr abgesehen auch von prinzipiellen Gesichtspunkten die Militärhoheit voll und ganz dem Reiche zu.[6]) Wer dieses leugnet, unterschätzt den Umfang des kaiserlichen Oberbefehls, wie ihn die Reichsverfassung bestimmt hat. Denn darin ist Laband Recht zu geben, dass an und für sich trotz kaiserlichen Oberbefehls, gemeinsamen Militäretats und Einheit der Organisation etc. und souveränen Militärhoheit des Reiches dennoch gesonderte Landesheere mit einzelstaatlicher formeller Militärhoheit bestehen können. Allein der kaiserliche Oberbefehl ist kein theoretisch zu construirender Begriff. Vielmehr ergiebt sich derselbe aus der Summirung der einzelnen dem Kaiser im XI. Abschnitt der

---

[1]) Brockhaus a. a. O. S. 154.
[2]) Derselbe S. 122.
[3]) Laband a. a. O. III, 1. S. 60.
[4]) Schulze a. a. O. II. S. 253 ff. 263 ff. Meyer a. a. O. II. S. 37—38. Zorn a. a. O. S. 815.
[5]) Laband a. a. O. S. 7 ff.
[6]) Zorn a. a. O. S. 308. Meyer, Lehrb. des Verwaltungsrechts. II. S. 37. Meyer in Hirth's Annalen 1880. S. 346.

Reichsverfassung beigelegten Rechte.[1]) Diese Rechte sind aber so umfangreich, dass von einer Militärhoheit der Einzelstaaten daneben nicht mehr die Rede sein kann. Nur Bayern macht hiervon eine Ausnahme. Bayern hat im Frieden ein völlig selbständiges Heer neben dem Reichsheer, wenngleich die allgemeinen Grundlagen auch für Bayern gelten. Es spricht ihm ferner Ziffer III § 5 des Bündnissvertrages ausdrücklich Militärhoheit zu. Auch ist ein gewichtiger Grund gegen die Annahme von Militärhoheitsrechten der übrigen Einzelstaaten, dass deren Conventionen nie von Militärhoheit sprechen. Falls deren Fortdauer aber für alle selbstverständlich war, so hätte sie Bayern nicht so ausdrücklich zugestanden zu werden brauchen.

Auf die bestrittene Frage der Natur des Reichsheeres näher einzugehen, ist hier nicht der Ort. Nachdem jedoch der Verfasser die Militärhoheit ausschliesslich dem Reiche zugesprochen hat, erkennt er auch selbstverständlich alle daraus sich ergebenden Consequenzen an.

Es stehen darnach die Offiziere im Reichsdienste, obwohl der Landesherr sie meist ernennt. Dieser ist nämlich bei der Ausübung seines Ernennungsrechtes beschränkt. Er kann nur solche Personen ernennen, welche den vom Kaiser allgemein festgestellten Qualifikationsbedingungen entsprechen.[2]) Die Kommandogewalt, seine Zuständigkeit, weist dem Offizier der vom Kaiser ernannte General, nicht der Contingentsherr zu. Endlich wird der Offizier aus Reichs-, nicht aus Landesmitteln besoldet.

Die Militärdienstpflicht wird dem Reiche geleistet, nicht dem Staate. Die Gestellungspflicht ist von der Reichsangehörigkeit und von dem Aufenthaltsort, nicht von dem Domicil und der Staatsangehörigkeit abhängig gemacht. Der Kaiser kann die Rekruten eines Contingents in ein anderes nach seinem Belieben einstellen, abgesehen von wenigen Ausnahmen.

---

[1]) Laband a. a. O. III, 1. S. 36—48. Zorn a. a. O. S. 308—315. Brockhaus a. a. O. S. 77.
[2]) Brockhaus a. a. O. S. 123.

Der Fahneneid wird dem Kaiser geschworen; die Landesherren nehmen ihn als dessen Stellvertreter entgegen und empfangen gleichzeitig das Gelöbniss der Unterthanentreue.

Der Militärfiscus ist Reichs-, nicht Landesfiscus, denn Ersparnisse der Contingentsverwaltungen fliessen in die Reichskasse. (Art. 67 der Verf.)

Die Kriegsministerien werden zwar vom Landesherrn ernannt, haben auch einen aus der Autorität des Einzelstaates abgeleiteten Geschäftskreis von untergeordneterer Bedeutung und sind deshalb als Landesbehörden anzusehen, besorgen aber im wesentlichen Reichsangelegenheiten.

Die gesammte Militärverwaltung wird auf Kosten des Reiches und für das Reich nach den von diesem bezw. dem Kaiser gegebenen Normen geführt, ist also eine mittelbare Reichsverwaltung. Solche wird aber im Reiche nur von Landesbehörden geführt, so die Gerichtsbarkeit, Zollverwaltung u. s. w.

Wenn darnach eine Militärhoheit der Einzelstaaten aus der Verfassung nicht erhellt, so fragt es sich noch, ob nicht die Militärconventionen den Beweis für die Existenz derselben liefern, wie Laband[1]) z. B. annimmt. Nicht etwa, als ob die Militärconventionen ein anderes Prinzip aufstellten als die Reichsverfassung, sondern dadurch, dass sie den in der Reichsverfassung implicite enthaltenen Grundsatz: die Contingentsherren haben alle Rechte behalten, welche sie ihnen nicht ausdrücklich entzogen hat, durch nähere Festsetzungen erläuterten. Allein, diese Frage ist zu verneinen. Die Stellung, welche die Verfassung den Contingentsherren anweist, ist keineswegs so unbestimmt, dass erst die »Erläuterungen« der Militärconventionen Aufschluss über ihren juristischen Charakter geben könnten. Dass thatsächlich einige Conventionen[2]), indem sie von der »Ausübung der Militärhoheitsrechet durch den König von Preussen« sprechen, eine Militärhoheit der betreffenden Contingentsherren als fortdauernd anzunehmen scheinen, beweist nichts gegenüber der Thatsache, dass sämmtliche Conventionen den Contingentsherren doch nur die Ehrenrechte eines Chefs

---

[1]) Archiv für öff. Recht 1880. S. 529.
[2]) Braunschweigische M.-C. von 1886. § 1.

beilegen. Ueberhaupt erwähnen die Conventionen fast nicht ein einziges Recht, welches nicht auch die Verfassung bereits den Contingentsherren zugesprochen hätte. Eine Vergleichung der Conventions- mit den Verfassungsbestimmungen wird das sofort ergeben.

I. Landesherrliche Rechte.

1. Die Landesherren sind Chefs aller ihren Gebieten angehörenden Truppentheile und geniessen die damit verbundenen Ehren. Art. 66. R.-V.

Die Conventionen besagen, wie bereits bemerkt, dasselbe, bestimmen nur näher diese Ehren (u. A. Stellung und Disziplinarstrafgewalt eines kommandirenden Generals.) Auch sind diese Ehrenrechte zum Theil auf die Familienmitglieder des Landesherrn ausgedehnt.[1])

2. Sie haben das Recht der Inspizirung. Art. 66. R.-V. Die Conventionen bestimmen das Gleiche.

3. Sie erhalten, ausser den regelmässigen Rapporten und Meldungen, rechtzeitig Mittheilung von den ihre Truppentheile berührenden Avancements und Ernennungen. Art. 66. R.-V. Genau dasselbe ist in den Conventionen bestimmt.[2])

4. Das Recht der Requirirung der Truppen zu polizeilichen Zwecken. Art. 66. R.-V. Ebenso die Conventionen, indem sie ausserdem den Contingentsherren das Recht der freien Verfügung über die Truppen »zu Zwecken des inneren Dienstes« zusprechen.

II. Contingentsherrliche Rechte.

1. Das Offizierernennungsrecht, welches Art. 66 den Contingentsherren zuspricht, bildet den Hauptgegenstand sämmtlicher Conventionen.

2. Die Militärgerichtsbarkeit erwähnt die Verfassung nicht besonders. Sie ist Bestandtheil der Militärverwaltung. Die Conventionen übertragen dieselbe meist dem

---

[1]) Convention mit Braunschweig Art. 6, 1, mit Hessen Art. 7, Baden Art. 5, Oldenburg Art. 5, Lippe Art. 7 u. s. w.

[2]) Conv. mit Hessen Art. 8, Baden Art. 8, Oldenburg Art. 8.

Könige von Preussen, zum Theil unter Mitwirkung der Contingentsherren.

3. Das Recht, die äusseren Abzeichen ihres Contingentes zu bestimmen, welches den Contingentsherren nach Art. 63 Abs. 2 der Verfassung zusteht, ist insofern modifizirt, als die Contingentsherren die Abzeichen vertragsmässig fixirt haben, also nicht mehr einseitig bestimmen dürfen.[1]) Die in preussischen Truppentheilen dienenden Angehörigen anderer Einzelstaaten dürfen lediglich die Landescocarde neben der preussischen tragen.[2])

Endlich ist auch das Recht der Contingentsherren auf den Fahneneid ihrer Unterthanen nach den Conventionen unverändert geblieben. Dass dasselbe ein landesherrliches Recht ist, nicht ein contingentsherrliches, ist oben schon bemerkt worden.

Ist demnach die Stellung der Contingentsherren im wesentlichen dieselbe — abgesehen von dem Verlust des Officierernennungsrechtes, der verfassungsmässig bereits vorgesehen ist — nach Inhalt der Conventionen wie der Verfassung, so ist auch die Einheitlichkeit des Heeres nicht bloss eine militärisch-technische und factische, d. h. durch die Conventionen erst hergestellte.[3]) Wohl tragen dieselben zur Vereinfachung des gewaltigen Heeresverwaltungs-Apparates bei und ersetzen nach Möglichkeit den Mangel einer obersten Reichsbehörde für diesen Zweig der Reichsverwaltung, aber geschaffen wird durch sie die Einheitlichkeit des Heeres nicht erst. Diese ruht vielmehr auf den festen Grundlagen der Verfassungsbestimmungen über den kaiserlichen Oberbefehl, die Heeresorganisation und den Militäretat. Die Conventionen sind deshalb zwar auch im Interesse des Kaisers geschlossen, dem dadurch die Ausübung seiner Rechte und Pflichten bedeutend erleichtert wird, aber zum grössten Theile im Interesse der Landesherren.[4]) Es werden allen, besonders den mittelgrossen Einzelstaaten durch die gewährte Mitbenutzung der preussi-

---
[1]) Hessen Art. 5, 3, Braunschweig Art. 2, 4.
[2]) Lippe Art. 6, Waldeck Art. 1, Lübeck Art. 2, Hamburg Art. 2 etc.
[3]) Archiv für öff. Recht 1888. S. 530, 531.
[4]) Archiv für öffentl. Recht 1880. S. 529. (Brockhaus).

schen Heeresinstitute, Bildungsanstalten u. s. w., finanzielle Lasten erspart, die sie bei Errichtung eigener Anstalten allein tragen müssten.[1])

Zwar bestreitet das Reich den Unterhalt der Contingente; aber da seine eigenen Einnahmen hierzu nicht genügen, so ist es auf die Matrikularbeiträge der Einzelstaaten angewiesen, welche sich wieder nach der Höhe des festgestellten Militäretats bemessen. Je weniger selbstständige Contingentsverwaltungen es giebt, desto geringer werden die Kosten der Heeresverwaltung und dementsprechend auch die Matrikularbeiträge sein. Dies ist das grosse Interesse, welches die Landesherren an dem Abschlusse von Militärconventionen haben. Für die kleineren Einzelstaaten ist aber ein Anschluss an die preussische oder an eine andere grössere einzelstaatliche Militärverwaltung und ihre Betheiligung an deren Heereseinrichtungen, Anstalten u. s. w. beim Mangel einer unmittelbaren Reichsmilitärverwaltung und von Reichsmilitäranstalten geradezu ein Gebot der Nothwendigkeit. Denn diese kleineren Einzelstaaten, wie z. B. die Hansestädte oder das Fürstentum Reuss ä. L. wären, auch wenn ihnen die erforderlichen unverhältnissmässig hohen Kosten Seitens des Reichs zur Verfügung gestellt würden, doch nicht in der Lage, ihre kleinen Heeresanstalten auf der Höhe derjenigen der grösseren Contingente zu halten. Die technische, nicht aber, wie oben nachgewiesen, die innere, juristische Einheitlichkeit des deutschen Heers beruht hiernach allerdings wesentlich auf dem durch die Militärconventionen geschaffenen thatsächlichen Zustand.

Erfordernisse für die Gültigkeit der Militärconventionen.

Es ist hier zu unterscheiden zwischen den Bestimmungen, welche mit dem Kaiser und denjenigen, welche mit dem König von Preussen vereinbart worden sind. Was die ersteren anlangt, so ist oben bereits nachgewiesen, dass der Kaiser überhaupt nicht berechtigt ist, gegenüber den Contingentsherren bindende Verpflichtungen über die Ausübung seines

---

[1]) Aehnlich Brockhaus, das deutsche Heer, S. 201.

Oberbefehls einzugehen. Am allerwenigsten ist er zur authentischen Interpretation der ihn betreffenden Verfassungsbestimmungen befugt, da er nur im Namen des Reiches als dessen Organ, nicht als dessen Souverän Rechte ausübt.

Zur Gültigkeit der Bestimmungen über die Art der Ausübung des kaiserlichen Oberbefehls genügt aber nicht etwa eine einfache Mittheilung an die gesetzgebenden Factoren des Reiches behufs Kenntnissnahme, wie Laband[1]) daraus folgert, dass solche Bestimmungen »gar nicht an das Niveau der Verfassung heranreichen«, sondern es bedarf zu ihrer Gültigkeit der Zustimmung von Reichstag und Bundesrath in Form eines die Verfassung ändernden Gesetzes (Art. 78.). Eine solche Zustimmung ist aber nie eingeholt worden, weshalb die betreffenden Bestimmungen über Dislocations- und Formationsrechte etc. ungültig sind. Nur bei den im Jahre 1867 mit Oldenburg, den thüringischen Staaten, Anhalt, Waldeck, Schaumburg-Lippe und Lübeck abgeschlossenen Conventionen, in welchen den betr. Staaten ein Nachlass an den von ihnen gemäss Art. 62, 1 der Verfassung zu leistenden Heeresbeiträgen bewilligt wurde, ist insoweit eine Zustimmung der gesetzgebenden Organe eingeholt, aber nicht z. B. bezüglich der Verabredungen über die Ausübung des Oberbefehls, die ebenfalls in diesen Conventionen enthalten waren.

Die mit Preussen vereinbarten Bestimmungen bedürfen, wie gezeigt worden, keiner Genehmigung seitens des Reiches. Wohl aber ist nach Ansicht des Verfassers eine Mittheilung derselben an Bundesrath und Reichstag behufs Kenntnissnahme erforderlich. Denn dem Reiche muss schon kraft seines ihm über die einzelstaatliche Militär-Verwaltung zustehenden Oberaufsichtsrechtes sowie als alleinigem Souverän das Recht zugesprochen werden, von Handlungen der Einzelstaaten, die eine, wenngleich nicht juristische, so doch thatsächliche Aenderung in den amtlichen Verkehrswegen zwischen Reich und Einzelstaat hervorrufen, auch amtlich und nicht bloss zufällig Kenntniss zu nehmen. Die meisten Militärconventionen sind

---

[1]) Laband a. a. O. III, 1. S. 30.

auch thatsächlich dem Bundesrath und Reichstage zur Kenntnissnahme vorgelegt.

Die Nothwendigkeit einer reichsgesetzlichen Genehmigung behauptet Zorn[1]) daher ohne Grund, falls man nicht in der Mittheilung an die Centralgewalt ein Nachsuchen der Genehmigung und in dem Stillschweigen der Centralgewalt die Genehmigung selbst sehen will.

Dagegen ist auf Seiten des Mitcontrahenten Preussens bezw. des Kaisers die Zustimmung des betr. Landtages unumgänglich, wenn die Convention in die bestehende Landesgesetzgebung eingreift und dieselbe oder die Landesverfassung abändert — z. B. auch nur die Ausübung eines dem Staate als Andenken an die ehemalige Souveränetät belassenen Rechtes aufopfert[2]) — oder endlich ihm neue Lasten auferlegt werden.[3]) Eins von diesen wird aber meistens der Fall sein, da z. B. durch die Uebertragung der Militärverwaltung die militärischen Rechtsverhältnisse der Staatsangehörigen eine umfassende thatsächliche Umgestaltung erfahren haben.

Die Voraussetzungen der landständischen Zustimmung fallen selbstverständlich fort, wenn der Einzelstaat vom Reiche oder richtiger vom Kaiser Zusicherungen über die Ausübung kaiserlicher Rechte empfängt. Dies geht nur das Reich an. Auf Seiten Preussens dagegen ist eine landständische Zustimmung nicht erforderlich:[4]) denn durch die Uebernahme der Militärverwaltung anderer Bundesstaaten werden weder die Verfassung und Gesetzgebung des preussischen Staates geändert, noch diesem neue Lasten oder den preussischen Staatsbürgern Verpflichtungen auferlegt.[5]) Letzteres würde auch dem Art. 58 der Reichsverfassung widersprechen, »wonach die Kosten des gesammten Kriegswesens von allen Bundesstaaten und ihren Angehörigen gleichmässig zu tragen sind, sodass weder Be-

---

[1]) Zorn a. a. O. S. 306. 68.
[2]) Brockhaus a. a. O. S. 183.
[3]) Laband a. a. O. III, 1. S. 29.
[4]) Brockhaus a. a. O. S. 183. Laband a. a. O. III, 1. 29. Schulze II. S. 271.
[5]) Art. 48 der preuss. Verf.

vorzugungen noch Prägravationen einzelner Staaten oder Klassen zulässig sind.« Die preussische Militärverwaltung erhält vielmehr von denjenigen Staaten, deren Contingente in ihre Verwaltung übergegangen sind, die jeweils von diesen Staaten aufzubringende, richtiger ihnen vom Reiche überwiesene Summe zur etatsmässigen Verausgabung zur Verfügung gestellt.[1])

Aufhebungsgründe der Militärconventionen.

Da die bislang besprochenen Conventionen nichts als Verträge sind, so sind sie natürlich auch von jeder Seite kündbar entweder nach Massgabe besonderer Bestimmungen oder jederzeit. Ebenso ist Aufhebung durch mutuus dissensus möglich. Nur ist eine Kündigung seitens des Kaisers an irgend welche Kündigungsfristen nicht gebunden, da er, weil nicht befugt, sich den Contingentsherren gegenüber zu binden, jederzeit die ihm verfassungsmässig zustehenden Rechte des Oberbefehls wieder ausüben kann, was die Conventionen ja auch selbst durch die Worte: »unbeschadet des ihm nach Art. 63 der Verfassung zustehenden Rechtes« anerkannt haben. Insofern bieten die Conventionen nichts besonderes, was den allgemeinen Vorschriften über die Aufhebung von Verträgen widerspräche.

Ein den Militärconventionen eigenthümlicher Aufhebungsgrund ist jedoch ein einfaches Reichsgesetz,[2]) welches dieselbe Materie ordnet, da diese eben von vornherein der legislativen Reichscompetenz unterlag und das Reich die Grenzen der Competenz der Einzelstaaten jederzeit ändern kann. Eine Verfassungsänderung ist dazu nicht erforderlich, weil die betr. Rechte nur im Interesse der Einzelstaaten liegen, aber keineswegs garantiert werden vom Reiche, auch es sich nicht um bestimmte Rechte einzelner, sondern aller Staaten im Verhältniss zur Gesammtheit handelt. (Art. 78, 1 und 2). In der That ist denn auch ein grosser Theil der Bestimmungen in den Conventionen durch spätere Reichsgesetze aufgehoben

---

[1]) Brockhaus a. a. O. S. 201.
[2]) Laband a. a. O. III, 1. S. 29, 30. Zorn, a. a. O. I. S. 307. Brockhaus a. a. O. S. 177. Schulze a. a. O. II. S. 272.

oder unpraktisch geworden. (Reichsmilitärgesetze, Wehrordnungen u. s. w.)

Indessen ist hierbei ein Punkt zu bemerken, welcher bisher entweder übersehen oder doch ungenügend hervorgehoben ist, dass nämlich eine Aufhebung der Militärconvention durch Reichsgesetz nie wider Willen des Königs von Preussen geschehen kann. Denn gemäss Art. 5 R.-V. giebt bei Gesetzesvorschlägen über das Militärwesen die Stimme Preussens den Ausschlag, wenn sie sich für Aufrechterhaltung der bestehenden Einrichtungen ausspricht. Dass der durch die Militärconventionen geschaffene Zustand thatsächlich eine bestehende militärische Einrichtung ist, ist unbestreitbar. Man hat, wie auch aus den Verhandlungen des Reichstages,[1]) insbesondere aus der Rede des Antragstellers Twesten hervorgeht, den Art. 5 offenbar absichtlich so gefasst und statt des ebenfalls vorgeschlagenen Ausdruckes: »Gesetze« »Einrichtungen« gesetzt, um gerade die vertragsmässigen, nicht auf Gesetzen beruhenden Zustände dem Veto des Königs von Preussen zu unterwerfen. Falls daher Preussen die Fortsetzung des Vertragsverhältnisses wünscht, kann das Reich dieselbe Materie nicht gesetzlich ordnen, selbst nicht, wenn der Mitcontrahent Preussens damit einverstanden ist. Es bleibt dann letzterem nur übrig, Preussen den Vertrag zu kündigen und so den verfassungsmässigen Zustand wiederherzustellen, was Preussen allerdings nicht hindern kann.

Was im Vorigen über die Gründe der Aufhebung gesagt ist, gilt im wesentlichen auch für die Aenderung von Militärconventionen. Enthält jedoch die Aenderung der Convention eine Aenderung der Reichsverfassung oder Reichsgesetzgebung, so muss dieselbe vom Bundesrath und Reichstag genehmigt werden, und zwar im ersteren Falle in den Formen des Art. 78. Einer Aenderung der Conventionsbestimmungen durch Reichsgesetz kann Preussen wie einer Aufhebung der Convention selbst widersprechen. Eine Aenderung in der Richtung der

---

[1]) Verh. des verf.-gebenden nordd. Reichstages S. 309. 312.

Aufhebung der Selbstbeschränkung des kaiserlichen Oberbefehls bedarf weder der Zustimmung des einen noch des andern Contrahenten, da der eine weder ein Recht verloren noch der andere ein solches erhalten hat.

Die sächsische, württembergische und bayerische Militärconvention in Bezug auf Inhalt und Bedeutung für die Einheitlichkeit des Reichsheeres.

Von den besprochenen Conventionen verschieden nach Inhalt und Rechtsgrund sind die mit Sachsen, Württemberg und Bayern abgeschlossenen Conventionen.

Die Rechtsgültigkeit der
sächsischen Convention
ist von jeher viel bestritten worden, einerseits mit Rücksicht auf ihren zum grossen Theil der Reichsverfassung widersprechenden Inhalt, andererseits mit Rücksicht darauf, dass die Ermächtigung des Art. 66 auf Sachsen nicht angewendet werden könne, weil diese Convention bereits vor der Publikation der Bundesverfassung abgeschlossen sei (am 7. Febr. 1867), also dem Art. 66 schon rückwirkende Kraft beigelegt werden müsse. Dass die sächsische Convention in mehr als einer Beziehung den Rahmen der übrigen Conventionen überschreitet und besonders die kaiserlichen Rechte mehr als jene einschränkt zu Gunsten des Königs von Sachsen, ist zunächst zweifellos. So widersprechen z. B. folgende Conventionsbestimmungen denen der Verfassung:

1. Die Mittheilung der künftig für die preussische Armee ergehenden Anordnungen des Art. 63,5 erfolgt nicht durch den Militärausschuss an den Commandeur des sächsischen Contingents zur Nachachtung, sondern seitens des Königs von Preussen an den König von Sachsen. (Art. 2 der Convention.)

2. Sachsen wird eine dauernde Vertretung im Militärausschusse des Bundesraths zugesichert, während nach der Verfassung der Kaiser die Mitglieder desselben frei ernennt. (Art. 2 der Convention im Gegensatz zu Art. 8, 2 R.-V.)

3. Die Befugniss — allerdings auch die Pflicht — zur Abstellung der bei der kaiserlichen Inspicirung gerügten Mängel des sächsischen Contingents steht nur dem König von Sachsen zu, nicht, wie nach der Verfassung, dem Kaiser. (Art. 4 der Convention im Gegensatz zu Art. 63, 3 R.-V.)

4. Die Ernennung des Höchstcommandirenden des sächsischen Contingents erfolgt durch den Kaiser auf Grund der Vorschläge des Königs von Sachsen, anstatt dass der Kaiser denselben frei ernennt. (Art. 7 der Convention im Gegensatz zu Art. 64, 2 R.-V.)

Ferner enthalten die übrigen Bestimmungen der Convention im Gegensatz zu allen anderen oben besprochenen Conventionen nicht eine Verminderung oder Beschränkung der den Contingentsherren nach der Verfassung belassenen Rechte — es kommt hier nach dem früher Gesagten eigentlich nur das Offizierernennungsrecht in Betracht — auch nicht eine Uebertragung der Militärverwaltung auf Preussen, sondern sie regeln, zwar nicht ausschliesslich, wie Laband[1]) behauptet, das Verhältniss des sächsischen Contingents zum Bunde und zum Bundesfeldherrn und enthalten in soweit genau die Bestimmungen der späteren Bundesverfassung, nur in specieller Anwendung auf Sachsen, aber im Wesentlichen ist dieses doch der Inhalt und der Zweck der Convention. Nur wenige ihrer Bestimmungen bezwecken eine Annäherung des sächsischen Contingents an das preussische. Die den Hauptinhalt der Convention bildende vertragsmässige Regelung einer in der Bundesverfassung behandelten Materie kann aber nicht zwischen Preussen und Sachsen ohne bundesgesetzliche Genehmigung erfolgen, wenigstens keine rechtliche Gültigkeit beanspruchen. Denn die Zusicherungen, welche dem König von Sachsen gemacht sind, konnte der König von Preussen als solcher gar nicht ertheilen, sondern dies konnte eventuell nur der Bundesfeldherr oder der Bund selbst. In der That wird als Mitcontrahent Sachsens auch der König von Preussen als Bundesfeldherr d. h. als Feldherr des nordd. Bundes bezeichnet, der aber damals noch nicht existirte, mithin auch keine bin-

---
[1]) Laband a. a. O. III. S. 31.

denden Verpflichtungen eingehen konnte. Es kann folglich trotz der entgegenstehenden Versicherung der Convention nur der König von Preussen als solcher den Vertrag abgeschlossen haben, und dieser konnte sich höchstens verpflichten, demnächst bei Annahme der Bundesverfassung die Fortdauer der Conventionsbestimmungen durch Schaffung eines verfassungsmässigen sächsischen Sonderrechts bei den übrigen Bundesregierungen durchzusetzen. Die Absicht beider Contrahenten ging allerdings viel weiter. Sie wollten thatsächlich die Stellung Sachsens im Militärwesen des neuen Bundesstaates dauernd und fest regeln, einerlei ob die damals beabsichtigte Verfassung Bestimmungen enthalten würde, welche denen der Convention widersprächen oder nicht. Dies geht deutlich genug aus der Bezeichnung der Convention[1] hervor als:

»eine, um die Bestimmungen der Verfassung des norddeutschen Bundes über das Bundes-Kriegswesen den besonderen Verhältnissen des Königreichs Sachsen anzupassen, getroffene besondere Verabredung, welche unabhängig von allen ferneren darauf bezüglichen Verhandlungen in Kraft treten und bleiben soll,«

sowie ferner aus der Bestimmung des zwischen Preussen und Sachsen vereinbarten Nachtragsprotokoll vom 8. Februar 1867, wonach eine inzwischen getroffene Aenderung des Verfassungsentwurfes, die über die Absicht der Convention hinausging, auf das Verhältniss zum Königreich Sachsen keine Anwendung finden solle.[2]

Vorausgesetzt war aber doch immer, dass eine Bundesverfassung überhaupt zu Stande kam, denn die Convention wollte sich ja dieser »anpassen«, und es konnte sonst vom Bundesfeldherrn u. s. w. nicht die Rede sein.[3]

Nun ist es aber ein zweifelloser Satz, dass die Bestimmungen der Verfassung, wie jedem entgegenstehenden Gesetze, so auch jedem früheren Vertrage vorgehen.[4] Da Sachsen

---

[1] Eingang der sächsischen Convention.
[2] Militärgesetze des deutschen Reiches, Berlin, Mittler & Sohn, 1877, 1878, Band I, S. 69. Laband a. a. O. III. S. 31. Brockhaus a. a. O. S. 176.
[3] A. A. Laband a. a. O. III. S. 31.
[4] Zorn a. a. O. S. 304. Hänel a. a. O. S. 247—248.

weder die Aufnahme dieses Vertrages bei Annahme der Bundesverfassung, noch — wie es nahe lag — bei der Redaction derselben 1871 die Erwähnung der Convention in der Schlussbestimmung des XI. Abschnitts ähnlich der württembergischen Convention verlangt hat, so hat es damit auf etwaige vertragsmässige Sonderrechte verzichtet und sich dem Verfassungsrecht unterworfen.[1]) Ganz verkehrt wäre es, der nicht verwirklichten Absicht der Contrahenten gegenüber der Verfassung superiore Bedeutung beizulegen, wie Brockhaus[2]) es thut.

Allein eine völlige Ungültigkeit der Convention liegt nicht vor, wenn man nicht etwa mit Zorn ohne Weiteres annimmt, die Convention behandele nur eine Materie, die nach Errichtung des norddeutschen Bundes in die Sphäre der Bundesgesetzgebung falle. Enthält die Convention nur solche Materien, so hat allerdings der völkerrechtliche Vertrag eo ipso seine Gültigkeit verloren,[3]) nicht etwa nur, soweit er im Widerspruche mit der Verfassung oder Gesetzgebung des Bundes steht.[4]) Denn bezüglich der zur Zeit des Conventionsabschlusses vorhanden gewesenen »Handlungsunfähigkeit« des Königs von Preussen ist eben keine Convalescenz durch eine Ratihabition erfolgt, welche allein in reichsgesetzlicher Anerkennung bestehen konnte. Die Convention enthält aber, wie schon angedeutet, auch noch andere Bestimmungen, welche nicht in die Sphäre der Bundesgesetzgebung fallen und daher in Geltung geblieben sind. Es werden die einzelnen hier in Betracht kommenden Bestimmungen unten (S. 51) noch näher aufgeführt werden. Brockhaus[5]) behauptet ferner die Gültigkeit der Convention innerhalb des durch Art. 66 der Verfassung gezogenen Rahmens. Es ist Brockhaus zuzugeben, dass die Eingangsworte dieses Artikels »Wo nicht besondere Conventionen ein anderes bestimmen« ebenso gut auf bereits bestehende wie auf künftige Conventionen bezogen werden können. Von einer rückwirkenden Kraft ist

---

[1]) Laband a. a. O. III, 1. S. 32. A. A. Brockhaus a. a. O. S. 176.
[2]) Brockhaus a. a. O. S. 176.
[3]) Zorn a. a. O. S. 304.
[4]) Laband a. a. O. III, 1. S. 32.
[5]) Brockhaus a. a. O. S. 176.

hierbei nicht die Rede, da es sich nicht etwa um eine **gesetzliche Vorschrift** handelt.

Allein bei näherer Betrachtung der Convention ergiebt sich die Unanwendbarkeit des Art. 66 der Verfassung auf die Convention von selbst. Denn die sächsische Convention tritt nicht etwa das Offizierernennungsrecht des Königs von Sachsen an den König von Preussen oder Bundesfeldherrn bezw. Kaiser ab, sondern wahrt Sachsen dasselbe im vollen Umfange, macht sodann die Ernennung der sächsischen Generale (Art. 7 der Conv.) von dem Einverständniss des Bundesfeldherrn abhängig, — insoweit übereinstimmend mit Art. 64 Abs. 2 der Reichsverfassung —, und lässt endlich den Höchstkommandirenden des sächsischen Armeekorps auf Grund der Vorschläge des Königs von Sachsen durch den Bundesfeldherrn bzw. Kaiser ernennen. Die sächsische Convention regelt also das Offizierernennungsrecht nur, soweit es dem Bundesfeldherrn, jetzt Kaiser, zusteht. Es ist aber oben (S. 17) des Näheren ausgeführt worden, dass Art. 66 lediglich besagt, dass die Contingentsherren auf ihr Offizierernennungsrecht zu Gunsten eines anderen Contingentsherrn, nicht zu Gunsten des Kaisers, ganz oder theilweise **verzichten** können. Die auf das Offizierernennungsrecht sich beziehenden Bestimmungen der sächsischen Convention müssen daher, nicht nur, soweit sie der Verfassung widersprechen, als rechtlich ungültig bezeichnet werden. Soweit sie mit der Verfassung übereinstimmen, ist es praktisch natürlich gleichgültig, wem sie ihre thatsächliche Existenz verdanken.

Der Verfasser kommt somit zu demselben Resultat wie Haenel:[1]) Die Bestimmungen der Convention bilden, so lange sie nicht verfassungsmässig sanctionirt werden, einen thatsächlichen modus vivendi von Fall zu Fall, aber sie haben keinen Anspruch auf Rechtsverbindlichkeit gegenüber den Bestimmungen der Verfassung. Etwas anderes will auch wohl Zorn[2]) nicht

---

[1]) Haenel a. a. O. S. 248. Thudichum, Verfassungsrecht des nordd. Bundes. S. 111.

[2]) Zorn a. a. O. S. 304, ebenso Haenel a. a. O. S. 247. Meyer a. a. O. S. 515. 4. Thudichum Verf.-Recht des nordd. Bundes. S. 111, A. A. derselbe in Holtzendorffs Jahrb. I, S. 24. Laband a. a. O. III. 1. S. 31 ff.

behaupten, wenn er sagt: Die sächsische Convention, soweit sie sich im Rahmen der kaiserlichen Dispositionsfreiheit bewegt, ist ein feierliches Versprechen des Königs von Preussen, sich in seiner Eigenschaft als Bundesfeldherr Sachsen gegenüber in gewisser Weise zu verhalten.

Da die Convention in der Hauptsache längst ihre Rechtskraft verloren hat, so kann von eigentlichen Aufhebungsgründen derselben nicht gesprochen werden. Der Kaiser ist jederzeit in der Lage, das volle Verfassungsrecht Sachsen gegenüber zur Anwendung zu bringen. Andererseits ist er — theoretisch betrachtet — allerdings befugt, einer Aenderung dieses thatsächlichen modus vivendi durch Reichsgesetz in seiner Eigenschaft als König von Preussen zu widersprechen, wenngleich dies kaum je praktisch werden dürfte.

Völlig gültig sind natürlich solche Zusicherungen geblieben, welche der König von Preussen als solcher dem König von Sachsen und umgekehrt machen durfte. Dahin gehört z. B. die Zusicherung einer Betheiligung Sachsens an den Einrichtungen des preussischen Heeres, als höheren Militär-Bildungs-Anstalten incl. Kriegsschulen, den Examinationscommissionen, den militärwissenschaftlichen und technischen Instituten, dem Lehrbataillon, der Militär-Reitschule, der Schiessschule, der Central-Turnanstalt und dem grossen Generalstab. Denn diese Anstalten sind, obwohl nur Reichszwecken dienend, ebensowenig wie die Kriegsministerien, Reichsbehörden oder Reichsinstitute, sondern Landesinstitute, deren Existenz das Reich durch Aufstellung des Princips der Einheitlichkeit in der Ausbildung fordert.

Ebenso muss als fortgeltend anerkannt werden die Bestimmung betr. die Commandierung preussischer bezw. sächsischer Offiziere in das sächsische bezw. preussische Contingent. (Art. 4, 1 der Convention.)

Ausserdem sind mehrere Bestimmungen der Convention z. B. über Formation, Gliederung und Eintheilung des sächsischen

Contingents durch die Reichsgesetzgebung wiederholt[1]) und daher **aus diesem Rechtsgrunde** in Geltung.

Für die Frage, ob die Militärhoheit des Reiches auch für Sachsen gilt oder nicht, für die Einheitlichkeit des Reichsheeres kann es selbstverständlich nur auf die Rechtsbeständigheit der Convention ankommen. Das in dieser Hinsicht gewonnene Resultat wird also nicht durch die Convention alteriert. Die Einheitlichkeit des Heeres würde aber auch bei Gültigkeit der Convention bestehen, da dieselbe ja im Grossen uud Ganzen die verfassungsmässige Stellung der Contingentsherren festhält.

Die württembergische Convention.

Der sächsischen Militärconvention am ähnlichsten ist die württembergische. Es ist oben bereits der eigenthümliche Geltungsgrund erörtert worden: Dieselbe ist integrierender Bestandtheil der Reichsverfassung. Einer näheren Untersuchung bedarf nur noch die Frage, ob diese Convention die Einheitlichkeit des Reichsheeres berührt oder nicht, ob dieselbe insbesondere derartige Abänderungen der allgemein gültigen Verfassungsbestimmungen enthält, dass man von einer fortdauernden Militärhoheit des Königs von Württemberg sprechen kann oder ob die Convention ebenfalls, wie die sächsische, mit einigen Abänderungen die Stellung, welche die Verfassung den Contingentsherren einräumt, wahrt.[2])

Auch das württembergische Armeecorps steht zunächst im Kriege wie im Frieden unter dem Oberbefehl des Kaisers, ist auch nach preussischem Muster reorganisirt, verbleibt aber im übrigen in seiner besonderen Gliederung. Auch Württemberg unterliegt der Militärgesetzgebung des Reiches und es sind dementsprechend die preussischen Militärgesetze etc. mit Ausnahme einiger weniger im Art. 10,3 bezeichneten Gesetze und Reglements eingeführt, und bleiben nur in dieser Beziehung

---

[1]) Reichsmilitärgesetz v. 2. Mai 1874 § 3 bezüglich der Formation des sächs. Corps; cf. ferner §§ 2 und 4 daselbst, die auch auf das sächs. Corps sich beziehen.

[2]) Brockhaus a. a. O. S. 217.

die betr. württembergischen Anordnungen bis zur reichsgesetzlichen Regelung in Wirksamkeit. Es liegt also in dieser Bestimmung kein wirkliches Sonderrecht, sondern eine Uebergangsbestimmung.

Das Aufsichtsrecht des Reiches über die Ausführung der Reichsgesetze, welches der Kaiser ausübt, das Verordnungsrecht des Bundesraths in Militärangelegenheiten gilt auch für Württemberg,

Der Etat für die württembergische Heeresverwaltung wird vom Reiche festgesetzt, der Unterhalt des württembergischen Heeres vom Reiche bestritten. Trotzdem fallen Ersparnisse an der Heeresverwaltung, »welche unter voller Erfüllung der Bundespflichten als Ergebnisse der obwaltenden besonderen Verhältnisse möglich werden,« Württemberg zu, nicht dem Reichsfiscus, wie sonst der Fall.

Wie mit Sachsen, so ist auch mit Württemberg die Verabredung getroffen, im Interesse einer gleichmässigen Ausbildung, Offiziere des preussischen und württembergischen Contingents durch zeitweise Commandirungen auszutauschen.

Das kaiserliche Inspectionsrecht ist auch für Württemberg anerkannt. Es sollen nur dem Könige von Württemberg die an Stelle des Kaisers inspicirenden Personen vorher bezeichnet werden, ohne dass jedoch demselben ein Einfluss auf die Ernennung dieser Personen zustände. Eine reine Höflichkeitspflicht!

Ferner darf der Kaiser die Abstellung vorgefundener Mängel des württembergischen Contingents nicht direct anordnen, sondern nur deren Abstellung vom König von Württemberg verlangen. Dieser ist aber — worauf allein praktisches Gewicht zu legen ist — ebenso wie alle anderen Contingentsherren bezw. Contingentscommandeure zur Abstellung **verpflichtet**.

Zur Vermittlung der dienstlichen Beziehungen findet ein directer Schriftwechsel zwischen dem preussischen und württembergischen Kriegsministerium statt. Die betr. kaiserlichen Anordnungen erhält letzteres auf diese Weise zur entsprechenden Ausführung. Es besteht auch hier eine Pflicht zur Ausführung, dagegen ist hier ein wirkliches, formelles Verordnungsrecht vorhanden (s. oben S. 24). Daneben ist Württemberg dauernd im Militärausschusse des Bundesraths vertreten. Die Formation des württembergischen Corps beruht nicht auf Reichsgesetz, sondern auf vertragsmässiger Vereinbarung, es ist ein geschlossener Bestandtheil des deutschen Reichsheeres. Es soll im eigenen Lande dislocirt sein, abgesehen von Kriegszeiten. Eine hiervon abweichende Anordnung des Kaisers im Frieden sowie die Dislocirung anderer deutscher Truppentheile in das Königreich Württemberg bedarf der Zustimmung des Königs, sofern es sich nicht um die Besetzung süddeutscher oder westdeutscher Festungen handelt. Es bildet dieses Sonderrecht immerhin eine bedeutende Einschränkung der kaiserlichen Rechte, aber der Hauptzweck der Verfassung, ein einheitliches Heer für den Krieg zu schaffen, erscheint durch den Fortfall des Sonderrechts im Kriege gewahrt.[1])

Das kaiserliche Offiziererennungsrecht ist verschiedenen Aenderungen unterworfen. Gemäss Art. 5 der Convention ernennt der König von Württemberg den Höchstkommandierenden des Armeecorps nach vorgängiger Zustimmung des Kaisers, während nach Art. 63, Abs. 2 der Verfassung der Kaiser denselben unbeschränkt ernennt. Wenn auch der König von Württemberg meist die Auswahl der betr. Persönlichkeit dem Kaiser überlassen wird, um dieser Zustimmung sicher zu sein, und in der That bisher nur preussische Generale an der Spitze des württembergischen Corps gestanden haben, so handelt es sich doch immerhin um ein wichtiges formelles Recht des Königs von Württemberg. Noch wichtiger ist die Bestimmung, dass der König von Württemberg die sämmtlichen übrigen Offiziere seines Contingents, namentlich die Generale ernennt, ohne an die nach Art. 64, Abs. 2 der Verfassung erforderliche Zustimmung des Kaisers gebunden zu sein. Aber auch die so ernannten Offiziere sind laut ihres Fahneneides dem Kaiser zu unbedingtem Gehorsam verpflichtet und bezüglich ihrer

---

[1]) Brockhaus a. a. O. S. 193.

Qualification sind die vom Kaiser erlassenen Vorschriften allein massgebend. Dies genügt für die Erhaltung der Einheitlichkeit des Heeres. Nach Art. 7 der Convention muss sich der Kaiser, wenn er einen Kommandanten einer in Württemberg belegenen Festung ernennen will, ferner wenn er einen von ihm zu ernennenden Offizier aus dem württembergischen Armeecorps wählen will, vorher mit dem König von Württemberg »in Vernehmen setzen«. Da aber die Convention ausdrücklich auf das Verfassungsrecht verweist, so kann das »in Vernehmen setzen« lediglich die Pflicht zur Mittheilung seitens des Kaisers und die Befugniss zu Gegenvorstellungen seitens des Königs von Württemberg bedeuten, nicht aber ein Recht der Zustimmung.[1]) Dasselbe gilt übrigens auch bei der Anlage neuer Festungen in Württemberg. Also auch dieses Sonderrecht ist praktisch von geringer Bedeutung.

Dem König von Württemberg stehen daher, abgesehen von dem formellen Militärverordnungsrecht, alle Rechte als Contingentsherr zu, welche die Verfassung den Contingentsherren überhaupt beilegt im Art. 66 und 63, jedoch das

1. Offizierernennungsrecht mit praktisch wenig bedeutsamen Erweiterungen;
2. die Militärgerichtsbarkeit in Strafsachen und das Begnadigungsrecht, so wie die Verfassung es voraussetzt;
3. die Bestimmung der äusseren Abzeichen mit der Erweiterung, dass der König die Bekleidung seines Armeecorps selbst bestimmen kann, und nur hierbei den Verhältnissen des Reichsheeres möglichst Rechnung tragen soll.

Was die landesherrlichen Rechte anlangt, so hat der König von Württemberg
1. die Chefstellung der Verfassung;
2. das Inspectionsrecht der Verfassung;
3. das Recht auf Mittheilung der Avancements und Ernennungen, die sein Contingent betreffen, bezieht sich nur auf die Kommandanten württembergischer Festun-

---

[1]) Brockhaus a. a. O. S. 196. 194.

gen, da alle übrigen Offiziere in Württemberg vom Könige ernannt werden;

4. das polizeiliche Requisitionsrecht steht Württemberg in dem verfassungsmässigen Umfange zu.

Schon daraus, dass dem König von Württemberg die Chefstellung angewiesen wird, folgt zur Genüge, dass er keine Militärhoheit mehr besitzt, dass diese allein dem Reiche zukommt auch Württemberg gegenüber, dass also die Einheitlichkeit des Reichsheeres nicht durch die Convention alteriert wird.

Eine Aufhebung der Convention kann, da es sich um ein verfassungsmässiges Sonderrecht handelt, nur mit Zustimmung Württembergs im Wege des Art. 78 der Reichsverfassung erfolgen. Ebenso kann aber Preussen die Convention selbst gegen den Willen Württembergs und der Bundesraths-Majorität aufrecht erhalten, falls eine gesetzliche Aufhebung oder Abänderung der Convention beabsichtigt wird. Ueber sonstige Abänderungen der Convention, die nicht lauter Sonderrechte enthält, ist bereits oben S. 8 das Nöthige bemerkt worden.

Der bayrische Bündnissvertrag III § 5.

Die rechtliche Stellung dieser Militärconvention ist dieselbe wie die der württembergischen. Der Vertrag enthält aber im Gegensatze zu der württembergischen Convention lauter Sonderrechte für den Mitcontrahenten des deutschen Bundes.[1]) Für die Bestimmung der staatsrechtlichen Bedeutung der Militärconventionen als solcher ist diese Convention ebenso wenig geeignet wie die württembergische, eben weil sie Bestandtheile der Verfassung selbst sind und daher auch der Grundsatz, dass Militärconventionen nur neben der Verfassung, nicht im Widerspruche mit ihr Geltung beanspruchen können, für sie fortfällt.

Dagegen ist die bayrische Convention für die Frage nach der Einheitlichkeit des Reichsheeres von der höchsten Bedeutung. Zunächst ist es die einzige Convention, welche von einer Militärhoheit des Contingentsherrn spricht und bildet insofern ein wichtiges argumentum e contrario für den Mangel derselben

---

[1]) Zorn a. a. O. S. 328.

bei den übrigen Contingentsherren. Allein, diese Militärhoheit ist keine unbeschränkte, vielmehr eine nicht souveräne. Denn principiell hat Bayern seine souveräne Militärhoheit als Bestandtheil seiner Souveränetät überhaupt ebenso gut verloren wie alle anderen Einzelstaaten.[1]

Bayern hat neben dem Reichsheer im Frieden ein fast vollkommen selbständiges Sonderheer. Jedoch geht diese Selbständigkeit nicht soweit, dass dasselbe völkerrechtlich als ein Machtmittel des bayrischen Staates zu betrachten wäre. Auch das bayrische Heer ist nur für das Reich, durch das Reich und im Reiche möglich, wie Brockhaus[2] treffend bemerkt hat. Im Frieden ist es der Aufsicht und der Gesetzgebung des Reiches und Kaisers unterworfen, im Kriege steht es ganz wie alle übrigen Contingente unter dem Oberbefehl des Kaisers und der König von Bayern ist dann nur Chef seiner Truppen.[3]

Ein Vergleich der den übrigen Contingentsherren belassenen Rechte mit denen des Königs von Bayern wird die Bedeutung der letzteren klarer erkennen lassen.

I. Landesherrliche Rechte.

1. Der König von Bayern ist nicht Chef seiner Truppen, sondern der wirkliche Befehlshaber derselben, der allein Anspruch auf ihren militärischen Gehorsam hat im Frieden. Da fremde Truppen in Bayern nicht dislociert sein dürfen, so fällt das Verhältniss des Königs zu ihnen fort.

2. Das Recht der Inspicierung ist hier kein blosses Ehrenrecht, sondern Consequenz des Oberbefehls, daher mit dem weiteren Rechte ausgestattet, die vorgefundenen Mängel selbst abzustellen, freilich nur im Sinne einer Annäherung an das in Ziffer III ausgesprochene Prinzip, wonach Bayern verpflichtet ist zur Herstellung voller Uebereinstimmung mit den für das übrige Heer bestehenden Normen in Bezug auf Organisation, Formation, Ausbildung, Mobilmachung, Gebühren u. s. w.[4]

---

[1] Zorn a. a. O. S. 328.
[2] Brockhaus a. a. O. S. 217.
[3] Brockhaus a. a. O. S. 158. Meyer a. a. O. S. 45.
[4] Laband a. a. O. III, 1 S. 25. Brockhaus a. a. O. S. 158.

3. Das Recht auf Mittheilung der Beförderungen und Ernennungen von Contingentsoffizieren ist gegenstandlos, da der König als Inhaber der Militärhoheit sämmtliche Offiziere selbst ernennt.

4. Ebenso gegenstandslos ist das Recht der polizeilichen Requisition, da der König nicht requiriert, sondern befiehlt.

II. Contingentsherrliche Rechte.

1) Das Ernennungsrecht der Offiziere steht dem König unbeschränkt zu. Der Kaiser darf auch nicht für die von ihm im Reichsdienste zu besetzenden Stellen Offiziere aus dem bayerischen Heere wählen. Der König von Bayern darf andrerseits nur solche Personen zu Offizieren ernennen, die den für das übrige Reichsheer geltenden Qualifications-Normen entsprechen, gemäss Ziff. III des Vertrages (s. o.) Eventuell hilft hier den etwaigen Mängeln das kaiserliche Inspectionsrecht ab, dem allerdings ein rechtlicher Zwang zur Abstellung der Mängel nicht zur Seite steht.[1]

2) Die Militärgerichtsbarkeit steht Bayern in demselben Umfange zu, wie den anderen Contingentsherren.

3) Zu dem eingeschränkten Rechte, die äusseren Abzeichen des Contingents zu bestimmen, kommt für Bayern noch das weitere Recht hinzu, Bewaffnung, Ausrüstung, Gradabzeichen, Uniformierung und Numerierung der Regimenter u. s. w. selbst zu bestimmen,[2] da hierin der König von Bayern Uebereinstimmung herzustellen sich vorbehalten hat.

Diese Bestimmung kann aber nur den Sinn haben, dass das Recht sich innerhalb des Rahmens bewegen soll, welcher durch die Pflicht Bayerns zur Herstellung der Einheitlichkeit in Organisation und Ausbildung gespannt ist. Es kann nicht angenommen werden, dass dieses Princip durch jene Bestimmung rein illusorisch gemacht werden sollte. Denn ohne einheitliche Bewaffnung und Ausrüstung noch von einheitlicher Ausbildung zu reden, wäre undenkbar. Auch zeigt der Ausdruck, Bayern »behält sich die Herstellung der vollen Uebereinstimmung vor«, dass es

---

[1] Brockhaus a. a. O. S. 162. 151.
[2] Vertrag § 5 Nr. III Abs. 3. Schlussprotokoll XIV § 4,1.

Nothwendigkeit einer Uebereinstimmung anerkennt, aber Zeit zur Herstellung derselben gewinnen will. Thatsächlich ist denn auch in Bezug auf Bewaffnung und Ausrüstung, ja sogar auch hinsichtlich der Infanterie-Gradabzeichen volle Uebereinstimmung hergestellt.

Endlich führt Bayern die Verwaltung seines Heeres im eigenen Namen und auf eigene Rechnung, wenngleich die Etatsansätze des Reichsmilitäretats dabei zu Grunde gelegt werden müssen. Es würde zu weit führen, sämmtliche Rechte des Königs von Bayern über sein Heer im Vergleich mit den contingentsherrlichen Rechten der übrigen Bundesfürsten aufzuzählen. Das Gesagte mag genügen, um zu zeigen, dass die Einheitlichkeit des Reichsheeres auch durch Bayerns militärische Stellung nicht alteriert wird. Denn die festen Grundlagen der Einheitlichkeit: die Gesetzgebung des Reiches, der kaiserliche Oberbefehl im Kriege, der gemeinsame Militäretat, die allgemeine Wehrpflicht, militärische Freizügigkeit, Aufsichtsrecht des Reiches und Inspectionsrecht, wie auch Inspectionspflicht des Kaisers, endlich Uebereinstimmung in Organisation, Formation und Ausbildung lassen das bayerische Heer nur als einen **selbständigen Theil des Reichsheeres** erscheinen.

Die Vereinbarung bez. der Festung Ulm.
d. d. 16. Juni 1874.

Diese Vereinbarung, welche ebenfalls den Charakter einer Militärconvention trägt, ist zwischen den Staaten Bayern und Württemberg und dem deutschen Kaiser bzw. König von Preussen abgeschlossen. Die Festung Ulm, welche aus einem bayerischen am rechten Donau-Ufer und einem württembergischen am linken Donau-Ufer belegenen Theil besteht, wird dadurch zur Reichsfestung erhoben oder wie die Convention selbst sagt,[1] »zu einem einheitlichen Waffenplatz unter einheitlichem Commando und einheitlicher Verwaltung durch Organe des deutschen Reiches.« Um diesen Zweck zu erreichen, mussten Bayern und Württemberg auf ihre verfassungsmässigen Sonderrechte

---
[1] Hauptprotokoll Art. 1.

zum Theil verzichten, so dass im Grossen und Ganzen der Art. 64 Abs. 2 der Verfassung wiederhergestellt ist.[1] Der »einheitliche« Waffenplatz steht unter dem einheitlichen Commando des Gouverneurs, den der Kaiser für die gesammte Festung frei ernennt. Bayern verzichtet damit auf die Ernennung eines Gouverneurs für den bayerischen Theil der Festung, dagegen muss der Kaiser sich über die zum Gouverneur zu ernennende Persönlichkeit vorher mit dem Könige von Württemberg ins Vernehmen setzen.[2] Das Recht des Letzteren ist aber ebensowenig wie das Art. 7 der württembergischen Convention erwähnte Recht ein Zustimmungsrecht.

Auch der dem Gouverneur unterstellte Commandant wird vom Kaiser ernannt, jedoch nach den Vorschlägen der bayrischen Regierung aus den bayrischen Offizieren,[3] ferner der Artillerie-Offizier vom Platz und der Platzmajor des rechten Ufers ebenfalls aus den bayrischen, der Platzmajor des linken Ufers dagegen aus württembergischen Offizieren.[4]

Alle diese Offiziere, welche den Stab der Festung bilden, stehen nur im Reichsdienste und leisten demgemäss dem Kaiser den Fahneneid.[5] Das Gleiche gilt vom Ingenieur vom Platz und Gouvernementsadjutanten. Zur Besatzung dürfen im Frieden nur bayrische und württembergische Truppen verwandt werden, deren Stärke sich nach dem Etat richtet, im Kriege natürlich der Entscheidung des Oberbefehls untersteht. Auch das unbeschränkte Dislocationsrecht des Kaisers tritt im Kriege für die Festung in Kraft.

Die einheitliche Verwaltung ist nur eine finanzielle, indem alle für die Festung bestimmten persönlichen und sachlichen Ausgabepositionen in den preussischen Militäretat des Reichshaushaltsetats eingestellt werden, mit Ausnahme des auf Rechnung des bairischen Militäretats fallenden Antheils, welcher in

---

[1] Brockhaus a. a. O. S. 211. Laband a. a. O. III. S. 77.
[2] Nebenprotokoll No. 1.
[3] Hauptprotokoll Art. III. Nebenprotokoll zwischen Preussen u. Bayern Artikel 2.
[4] Nebenprot. zwischen Preussen u. Württemberg No. 3.
[5] Hauptprot. Art. II.

Abrechnung gebracht und im letzteren entsprechend vorgetragen wird. So ist auch hier die Sonderexistenz des bayrischen Militär-Fiscus neben dem Reichs-Militär-Fiscus anerkannt. Bayern behält in Folge dieser Stellung die etwaigen Ersparnisse für sich, richtiger hat nach Verhältniss seiner Beitragsquote Antheil an den gemeinsamen Ersparnissen.[1]) Württemberg's ähnliches verfassungsmässiges Sonderrecht gilt hier nicht, da die Verwaltung der gesammten Summe durch das preussische Kriegsministerium erfolgt,[2]) nicht durch Württemberg und Bayern.

Im Uebrigen — abgesehen von der Finanzverwaltung — besteht aber die bayrische und württembergische Contingentsverwaltung, diese als mittelbare Reichsverwaltung, fort.[3])

Die rechtliche Gültigkeit der Vereinbarung ist vielfach bestritten worden und zwar mit Recht. Dieselbe ändert integrirende Bestandtheile der Reichsverfassung mehrfach ab. Folglich wäre zur Gültigkeit dieser Aenderungen ein Verfassungsgesetz unter Zustimmung Württembergs und Bayerns erforderlich gewesen. Da dieses nicht geschehen, so muss die Vereinbarung, soweit sie die erwähnten Sonderrechte ändert oder aufhebt, als juristisch ungültig erklärt werden.[4]) Thatsächlich wird der vertragsmässig erklärte Verzicht auf die Sonderrechte wohl kaum einer Anfechtung unterliegen. Die Einheitlichkeit des Reichsheeres hat besonders durch den Verzicht Bayerns erheblich gewonnen.

Recapitulation.

Es wird sich empfehlen, das Resultat der gesammten vorstehenden Erörterungen kurz zu wiederholen.

I. Die Militärconventionen im deutschen Reiche sind Verträge über das deutsche Heerwesen, abgeschlossen zwischen Preussen bezw. dem Kaiser und sämmtlichen deutschen Einzelstaaten.

---

[1]) Hauptprotokoll Art. VIII.
[2]) Daselbst.
[3]) Hauptprotokoll Art. VI.
[4]) Aehnlich Zorn a. a. O. S. 303. 304.

II. Im einzelnen ist ihr Inhalt verschieden, und es ergeben sich darnach folgende Gruppen:
    a. die sächsische Convention,
    b. die württembergische Convention,
    c. der bayrische Bündnissvertrag,
    d. die Vereinbarung bez. der Festung Ulm,
    e. sämmtliche übrige Conventionen.

III. Für die Bestimmung der staatsrechtlichen Natur der Militärconventionen kommen nur die unter d und e bezeichneten in Betracht, da nur diese wirkliche Verträge sind.

IV. Der Inhalt der unter e bezeichneten Conventionen lässt sich in 2 Hauptpunkten zusammenfassen: 1. völliger oder theilweiser Uebergang der contingentsherrlichen Rechte, insbesondere der Militärverwaltung auf Preussen zur Ausübung. 2. Beschränkung des kaiserlichen Dislocations- und Formationsrechts u. s. w.

V. Je nach ihren beiden Hauptbestandtheilen, d. h. je nachdem sie die Uebertragung von contingentsherrlichen Rechten oder die Zusicherung einer bestimmten Ausübung kaiserlicher Rechte zum Gegenstande haben, sind die Conventionen gültig oder nicht.

Gültig sind alle Bestimmungen, welche Verzichte auf die Ausübung der verfassungsmässig vorbehaltenen Rechte seitens der Contingentsherren enthalten. Auch eine definitive Uebertragung dieser Rechte selbst enthält keinen Verzicht auf die Militärhoheit. Diese steht vielmehr allein dem Reiche zu. Die betreffenden Rechte sind unselbständige Verwaltungsbefugnisse mit militärischen Ehrenrechten umkleidet. Gültig ist also die Uebertragung der Militärverwaltung auf Preussen. Gültig ferner die Uebertragung des Offizierernennungsrechtes der Contingentsherren auf Preussen. Die Befugniss zum Abschluss solcher Verträge beruht nicht auf der Ermächtigung des Art. 66 der Reichsverfasssung, der streng zu interpretiren ist, sondern auf der den Einzelstaaten verbliebenen staatlichen Selbständigkeit.

Ungültig ist dagegen die Uebertragung der im Art. 64, 2 dem Kaiser zugesprochenen Ernennungs- und Genehmigungsrechte auf die Contingentsherren bezw. eine Aenderung zu deren Gunsten. Eine Befugniss des Kaisers hierzu kann auf Art. 66 der Verfassung nicht gestützt werden. Ungültig sind ferner alle Bestimmungen, welche den kaiserlichen Oberbefehl einschränken und zu einer bestimmten Art der Ausübung kaiserlicher Rechte verpflichten, z. B. des Dislocations-, Formations- und Inspectionsrechts.

Nicht mehr gültig ist die sächsische Convention, soweit sie Sachsens Stellung zum Bunde regelt, da sie durch die spätere verfassungsgesetzliche Regelung derselben Materie von selbst ihre Kraft verloren hat und Art. 66 sich nicht auf diese Convention bezieht.

Ungültig ist die Ulmer Convention, da sie die Schlussbestimmung des XI. Abschnitts der Verfassung vertragsmässig ausser Kraft setzen will und dies nur im Wege des Art. 78, 2 der Verfassung erfolgen kann, denn

VI. Militärconventionen gelten nur neben der Verfassung und Reichsmilitärgesetzgebung, nicht im Widerspruche mit derselben. Sie sind keine authentische Interpretationen, da sie nicht von der Reichsgewalt ausgehen.

VII. Sie können jederzeit durch die Reichsgesetzgebung beseitigt werden, abgesehen vom Vetorecht des Königs von Preussen.

VIII. Es sind kündbare Verträge, zu deren Abschluss auf Seiten des Mitcontrahenten Preussens landständische Genehmigung nöthig ist, jedoch nicht auf Seiten Preussens.

Für das Reich genügt eine Mittheilung zur Kenntnissnahme, soweit nur Preussen in Betracht kommt. Dagegen wäre, soweit der Kaiser in Betracht kommt, Zustimmung des Reiches in gesetzlicher Form nothwendig. Dieselbe ist aber nirgends eingeholt.

IX. Die obigen Grundsätze gelten nicht für die württembergische Convention und für den bayerischen Bündnissvertrag, die nicht mehr Vertragsnatur haben, sondern ein Theil der Verfassung sind.

X. Die Conventionen verändern nur wenige Sätze der Verfassung.

XI. Die Einheitlichkeit des Reichsheeres folgt aus der Verfassung, nicht aus den Conventionen. Sie ist daher eine wirkliche, innerlich gebotene, nicht nur militärisch-technische. Andererseits zerstören die Conventionen auch nicht die Einheitlichkeit des Heeres, indem sie für die verschiedenen Theile desselben verschiedene Grundsätze aufstellen.[1] Sie halten vielmehr die verfassungsmässige Stellung des Contingentsherrn (mit Ausnahme der bayerischen Convention) fest, abgesehen von wenigen praktisch werthlosen Aenderungen. Die Einheitlichkeit des Reichsheeres und seiner Verwaltung wird allerdings durch die Conventionen gesichert und gestärkt, aber nicht geschaffen. Es wird dadurch der Mangel einer obersten Reichsbehörde für diesen wichtigsten Zweig der Reichsverwaltung weniger fühlbar. Ausserdem werden dadurch die Kosten mehrerer Contingentsverwaltungen erspart.

XI. Die Einheitlichkeit des Reichsheeres wird auch durch die bayerische Convention nicht erschüttert, da die Sonderstellung Bayerns im Kriege fortfällt und auch im Frieden nicht ein Ausscheiden des bayerischen Heeres aus dem Reichsheere bewirkt.

Schlussbemerkung.

Nachdem Verfasser diese Abhandlung bereits vollständig abgeschlossen hatte, ist Laband's Staatsrecht des deutschen Reiches, insbesondere dessen »die bewaffnete Macht des Reiches« behandelnder Theil (Bd. II Abth. 2) in neuer Auflage erschienen. Der Verfasser war daher nicht mehr in der Lage, diese neueste Veröffentlichung in seiner Arbeit zu berücksichtigen.

---

[1] Laband a. a. O. III. 1. S. 3. a. A.